AF391203

CATALOGUE

D'UNE COLLECTION

PRÉCIEUSE

DE TABLEAUX,

DES TROIS ÉCOLES,

ET AUTRES OBJETS CURIEUX.

Du Cabinet de MM ***.

Par A. J. PAILLET.

Dont la Vente se fera le 20 Mars & jours suivants de relevée, sans interruption.

Par Mᵉ. BOILEAU, Huissier-Commissaire-Priseur.

En la Grande Salle de l'Hôtel de Bullion, rue Platriere, où on les verra pendant les matinées des trois jours qui précéderont, depuis 10 heures jusqu'à 1 heure, & de même pendant chacune des matinées des jours de Vente.

Il se distribue à PARIS.

Chez ledit sieur Paillet, rue Platriere, audit Hôtel de Bullion.

—————

1787.

AVANT-PROPOS.

CE qui faifoit il y a vingt ans l'objet des recherches de quelques particuliers riches & éclairés, & dont le goût fe fatisfaifoit d'autant plus facilement que les rivaux étoient en plus petit nombre, eft devenu aujourd'hui une paffion prefque générale. Si les connoiffances fur la Peinture, & fur les autres parties de l'art, après avoir été pendant tout le règne précédent, le domaine privé d'un petit nombre d'amateurs qui en recher-choient les productions, & les acqué-roient à peu de frais, aujourd'hui mul-tipliées & répandues prefque dans toutes les claffes de la fociété, font une richeffe qui appartient à tout le monde ; le defir de connoître, de récueillir, ou de poffé-der des objets rares, favants ou précieux, occupe tous les efprits, & ce defir naît fans doute du mérite, & de l'idée *de beau* qu'on y attache ; l'opulence y confacre la majeure partie de ſes prodigalités, & les fortunes médiocres ont encore des économies réſervées pour ces ſortes de dépenſes. Ce n'eſt pas tout, l'enthouſiaſme général, conduit par des lumières preſqu'également ſûres, ne ſe porte plus que ſur les ouvrages vraiment beaux, on n'accorde un mérite, & un prix réel qu'aux objets que l'œil du connoiſſeur peut juger le plus ſévèrement. Qui pourroit ſe réfuſer d'applaudir à cette heureuſe révolution, & d'y reconnoître avant tout l'effet de la protection, dont le Gouvernement & l'Adminiſtration honorent ſpécialement, & plus particulierement les Arts depuis quelques années ? On a vû naître parmi nos jeunes artiſtes cette émulation qui avoit été excitée parmi les amateurs ; les uns ſe ſont multipliés comme les autres ; le commerce lui-même devenu plus difficile dans ſon choix, s'eſt épuiſé pour enlever à grand frais, aux Nations voiſines leurs chef-d'œuvres, & les progrès ont été ſenſibles de tous les côtés.

Il feroit hafardeux dans cette circonf-
tance, d'offrir au public, ou d'expofer au
fort des encheres , une collection peu
févèrement compofée, & d'un choix qui
pût paroître équivoque aux yeux des connoiffeurs. Nous avons effayé d'éviter ce
danger autant qu'il a été en nous , en
formant pour la Vente annoncée par le
Catalogue ci-après un enfemble auffi
recommandable qu'impofant, par le nombre & la qualité des Tableaux qui y font
compris. C'eft une expofition de Tableaux de toutes les Ecoles ; les uns
très-capitaux, & des plus célèbres Maîtres , les autres d'une qualité encore
affez belle pour être placés dans des cabinets précieux. Nous invitons fans crainte
MM. les Amateurs à examiner, & faire
examiner fcrupuleufement la plus grande
partie de tous les morceaux que nous pré-
fentons en vente, fans avoir même aucun
égard aux éloges que nous n'avons pû
refufer à quelques-uns : nous efpérons ne
rien perdre de leur confiance par cette

exposition. Nous osons au contraire la
leur présenter comme une preuve de
notre zéle, & des efforts que nous som-
mes portés à faire, pour leur offrir toujours des objets nouveaux, & dignes de
piquer leur curiosité.

Tous les Tableaux qui composeront
cette vente, sont très-proprement enca-
drés, quelques-uns même très-richement.
Les mesures en ont été prises sur l'arra-
sement des bordures. Les lettres T, B,
C, mises à la fin de chaque article de
description, indiquent les Tableaux peints
sur *Toile*, sur *Bois*, ou sur *Cuivre*.

On s'adressera à M^c. Boileau, Huissier-
Commissaire-Priseur, rue du Bacq, N°.
262, chargé de ladite Vente, pour les
conditions du payement des adjudications,
& pour les autres éclaircissemens néces-
saires.

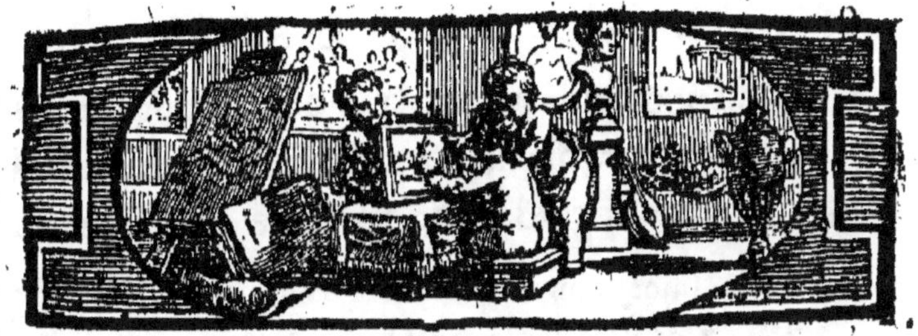

CATALOGUE

D'UNE COLLECTION

PRÉCIEUSE

DE TABLEAUX,

DES TROIS ÉCOLES,

ET AUTRES OBJETS CURIEUX.

TABLEAUX.
ÉCOLE D'ITALIE.

DOMINICHINO.

N°. 1 DIANE raviffant Endymion ; cette Déeffe eft repréfentée ailée, & tenant dans fes bras le Berger qu'elle recherchoit ; le moment

du jour indique le crépufcule : on voit dans le
bas du tableau, deux chiens dont l'un eft debout, regardant fon maître qui s'éloigne.

Ce fujet réunit au mérite d'être poëtiquement traité,
celui d'une touche vigoureufe, & de la plus belle couleur ; il n'eft perfonne qui ne fache combien font rares
de pareils morceaux d'une forme auffi agreable. *Hauteur*
16 pouces, *largeur* 13 pouces & demi. C.

MARIA CREPI.

2 Un Tableau très-rare & très-précieux de ce
maître ; il repréfente une vieille femme entourrée de jeunes filles, & autres enfans auxquels
elle fait l'éducation.

Ce fujet dans lequel on compte dix figures, eft traité
avec intelligence, & favamment peint ; nous le regardons
comme une des productions précieufes de cette école.
Hauteur 14 pouces, *largeur* 11 pouces. T.

PIETRE DE CORTONNE.

3 Saint Jean-Baptifte décolé par l'ordre d'Hérodiade ; cette compofition richement traitée,
offre fur la droite un groupe de trois belles
figures de femmes, dont deux confidèrent la tête
du Saint, qu'elles tiennent fur un plat ; au côté
oppofé & dans le fond, font diverfes figures
analogues au fujet, dont quelques unes fervent
à indiquer la perfécution, & la conftance des

premiers Chrétiens ; le haut se termine par différens grouppes d'anges, & de chérubins attes-
tant le triomphe de ce Martyr.

Ce morceau capital & très-recommandable, entre les
productions les plus précieuses de l'école italienne, offre
des beautés sans nombre, dans le dessin & dans la couleur ;
nous croyons qu'il sera vu & distingué avec plaisir, par les
connoisseurs les plus difficiles. *Hauteur* 37 pouces &
demi, *largeur* 28 pouces. T.

PARMEZAN,

4 La Madelaine en méditation ; elle est représentée demie-nue, la tête vue de profil & levée
vers le ciel, les cheveux épars sur sa poitrine,
& les mains croisées tenant un crucifix. Devant
elle sont d'autres accessoires analogues au sujet.

Ce morceau d'une couleur agréable est parfaitement
conservé. *Hauteur* 23 pouces, *largeur* 17 pouces &
demi. T.

C. CIGNANI.

5 Hérodiade portant dans un plat la tête de saint
Jean - Baptiste ; elle est représentée debout,
richement vêtue, & suivie d'une jeune fille.

Ce petit tableau de la touche le plus fine & la plus
précieuse, est parfaitement conservé ; il ne peut manquer
d'être regardé comme très-fin, & très-rare de cette école.
Hauteur 10 pouces & demi, *largeur* 7 pouces & demi. C.

TITIEN.

6 Un bon Tableau de ce Maître, repréſentant Sixte V dans ſon enfance, ayant auprès de lui un gros chien.

Ce morceau vient de la ſucceſſion & du cabinet de Monſeigneur le Prince de Conti, pour lequel il avoit été ſoigneuſement réparé par feu *M. Boileau. Hauteur* 37 pouces, *largeur* 30 pouces. T.

SALVATOR ROSA.

7 Un très-beau Payſage de ce Maître; on y voit ſur la droite, une marre d'eau limpide, baignant quelques parties de rochers, au-delà deſquels ſont de beaux lointains de montagnes : en avant, ſur différens plans, ſont pluſieurs figures analogues à la compoſition; & ſur la gauche, ſont de grands arbres qui ſe détachent ſur un ciel clair & brillant.

Ce Tableau nous a paru parfaitement conſervé, & nous ne doutons pas qu'il ne ſoit regardé commé très-capital dans ce genre. *Hauteur* 17 pouces & demie, *largeur* 42 pouces. T.

BENEDETTO CASTIGLIONE.

8 Deux bons Tableaux de ce Maître; ils repréſentent différentes marches d'animaux dans des payſages de ſites Italiens, & ſont ornés de figures analogues.

Ces deux morceaux, d'une touche franche & d'une très-bonne couleur, font clairs & agréables dans toutes leurs parties. *Hauteur* 18 pouc., *largeur* 16 pouc. C.

PHILIPPE LAURI.

9 Le Triomphe de Bacchus ; cette composition poétiquement traitée, offre ce Dieu dans un char traîné par des tigres, & conduit par un amour ; fur le devant fe voit le vieux Silène, & une troupe de faunes, tous préfentans leurs coupes pour recevoir les fruits de la vendange.

Ce morceau capital réunit à la plus belle couleur, un deffin piquant & correct. *Hauteur* 12 pouces, *largeur* 14 pouces. C.

GASPRE POUSSIN.

10 Un Payfage Italien, terminé dans le fonds par une haute montagne, & orné, fur le devant, de quelques grands arbres ; au premier font deux figures affifes.

Il eft largement peint dans toutes fes parties, & de la plus belle maniere de ce Maître. *Hauteur* 25 pouces, *largeur* 36 pouces. T.

D'APRÈS RAPHAEL.

11 La Vierge & Sainte Anne dans un Payfage ; celle-ci préfentant le petit Saint-Jean à l'Enfant Jéfus qui le carreffe.

Ce petit Tableau est une excellente copie d'un des chefs-d'œuvres de la peinture. *Hauteur* 10 pouces & demie, *largeur* 8 pouces. T.

D'APRÈS LE DOMINICAIN.

12 La Vierge représentée dans l'occupation de coudre sur un tambour qu'elle tient sur ses genoux ; elle est entourée de plusieurs Anges qui viennent la visiter, & dans le haut du sujet on en voit un autre qui lui apporte une couronne.

Ce petit morceau a le même mérite que le précédent. *Hauteur* 9 pouc. 9 lignes, *largeur* 8 pouces. C.

ÉCOLES
FLAMANDE ET HOLLANDOISE.

R. SAVARY.

13 Un petit Tableau, sujet de différens animaux dans un paysage ; le fonds offre une fabrique d'architecture en ruine, couverte d'arbres & de broussailles, & éclairée d'un coup de soleil.

Il est daté de 1620. *Hauteur* 5 pouces 3 lignes, *largeur* 5 pouces 9 lignes. C.

PAUL BRIL.

14 Un grand Paysage dont la partie droite

offre une grande étendue de pays, fous un ciel clair & brillant; le côté oppofé eft oç-cupé par une montagne couverte de bois, fur un des plans de laquelle on voit Abraham prêt à immoler fon fils Ifaac, & averti par le ciel de fufpendre le facrifice.

Ce Tableau offre les plus grandes beautés dans le payfage, & nous paroît d'une confervation parfaite. *Hauteur* 31 pouces, *largeur* 40 pouces. B.

PIETRE NEEFS.

15 L'Intérieur d'une Eglife Flamande, dont on n'apperçoit que la nef & un des bas côtés, avec le fond du chœur vu en perfpective; elle eft ornée d'une grande quantité de figures dans les coftumes de ce pays, & dont une partie eft repréfentée à genoux, entendant la meffe.

Ce morceau eft vigoureufement peint, d'un bel effet de lumiere, & les figures y font peintes par le bon *Frank. Hauteur* 31 pouces, *largeur* 16 pouces. B.

PAR LE MÊME.

16 L'Intérieur d'une autre Eglife d'architecture gothique, ornée de beaucoup de figures par le *Frank.*

Ce Tableau réunit à la plus grande fineffe & au ton de couleur le plus argentin, une très-grande pureté. *Hauteur* 11 pouc., *largeur* 16 pouc. & demie; n°. 148 du Catalogue de M. *Dupille de Saint-Severin.*

Par le même.

17 L'Intérieur d'une grande Eglife de Flandres prife du milieu de la nef, & dont le fonds fe termine par un chœur fermé d'une arcade en jubé ; elle eft ornée de très-belles figures dans le ftyle de *Frank*, & on y remarque différens effets de jour, exprimés avec une intelligence inimitable.

Ce petit morceau très-fin, nous a paru un des bons ouvrages de ce Maître. *Hauteur* 6 pouc. & demie, *largeur* 8 pouces. B.

J. Breughels, dit de Velours.

18 Un Tableau d'une compofition très-riche, offrant la vue du canal d'Anvers bordé de droite & de gauche, par des habitations de payfans : le premier plan eft orné d'un grand nombre de figures & de chariots. *Hauteur* 16 pouces, *largeur* 25 pouces. B.

Par le même.

19 Un petit Payfage très-fin, repréfentant un village Hollandois, traverfé par un large canal : fur la gauche font diverfes habitations grouppées avec de hauts arbres, dont les feuilles fe détachent fur un ciel clair & brillant : au premier plan font plufieurs figures de matelots & pêcheurs, tant fur le rivage que dans leurs bateaux.

Il eſt très-fin & très-pur de ce Maître. *Hauteur 6 pouces, largeur 8 pouces.* C.

PAR LE MÊME.

20 Une Vue de la mer, & d'un port de Pêcheurs, priſe aux environs de Skeveling ; le rivage eſt couvert d'un grand nombre de figures, parmi leſquelles on remarque pluſieurs dames & autres perſonnages qui ſemblent marchander du poiſſon.

Ce Tableau d'une grande compoſition, offre beaucoup de détails, dans leſquels on trouve toujours la fineſſe de touche, & l'eſprit des bons ouvrages de ce Peintre. *Hauteur 10 pouc. & demie, largeur 14 pouc.* B.

ROTHENAMER & J. BREUGHEL.

21 Un ſuperbe Tableau & très-capital de ces deux Maîtres ; il repréſente la rencontre de Jacob & de Laban ; ce dernier eſt vue de bout, ſuivi d'un nombreux cortége de troupes & hommes d'armes, & relevant Jacob qui s'eſt proſterné à genoux devant lui : ſur le côté gauche de la compoſition, on apperçoit au premier plan la famille de Jacob, & dans le fond ſes nombreux troupeaux.

Ce morceau précieux dans toutes ſes parties, offre les détails les plus riches & les plus variés ; l'ordonnance de la compoſition eſt claire & parfaitement éten-

due ; & il joint à ces avantages , le mérite d'être singu-
lierement confervé. *Hauteur* 16 pouc. , *largeur* 24 pouc.
6 lignes.

ROTHENAMER & BREUGHEL.

22 Diane au Bain , accompagnée de fes Nymphes , & furprife par Actéon.

Ce Tableau dont le payfage a un peu repouffé au
noir, eft touché, dans différentes parties, avec beaucoup
de fineffe. *Hauteur* 10 pouces, *largeur* 13 pouces. C.

J. ROTHENAMER.

23 Un repas des Dieux.

Cette Compofition nombreufe & d'une belle ordonnance , offre fur la droite une table entourée de toutes
les Divinités de l'Olympe ; fur la gauche, la figure de
Cybelle en devant , & dans le fonds , Neptune fur fon
char , pour défigner la terre & la mer , & quantité de
Génies & de Tritons qui apportent aux Dieux les plus
belles productions de ces deux élémens. *Hauteur* 12 pouc.
largeur 15 pouces & demi. C.

REMBRANT VAN RHIM.

24 Le portrait d'un Artifte ; il eft repréfenté à
mi-corps & vêtu felon l'ancien coftume hollandois ; la tête tournée de trois quarts tenant
un chapeau rabatu dans fes mains.

On ne peut rien offrir de plus frappant & de plus ca-
ractérifé que ce beau morceau, où la richeffe de la couleur
feconde admirablement la touche hardie & favante admirée

dans cet Artiste *Hauteur* 29 pouces, *largeur* 26 pouces, B. N°. 44 du Catalogue de feu M. Wattelet.

PAR LE MÊME.

25 Le Portrait d'une jeune fille, repréfentée de face, & cœffée de petits cheveux blonds, fon habillement noir brodé en or, fe détache fur une chemife froncée qui couvre fa poitrine.

Ce morceau, du ton de couleur le plus favant, & rempli d'harmonie, par l'intelligence de la couleur, eft auffi étudié & fini que les beaux ouvrages de *Gerard Douw*. La forme eft ovale en hauteur; il porte 22 pouces, fur 16 pouces. B,

ARNOULD DE GUELDER.

26 L'adoration des Rois, compofition de quinze figures, raffemblées dans une étable; le principal grouppe eft placé à gauche : on y voit la Vierge tenant fur fes genoux l'Enfant-Jéfus, dont la lumiere éclaire tout le fujet; devant lui font les Mages, dont l'un eft vu par le dos en oppofition, à droite & à gauche font divers perfonnages analogues au fujet.

Ce morceau d'un grand effet, tient à la belle maniere de Rembrantz. *Hauteur* 21 pouc. *largeur* 26 pouc. T.

P. P. RUBENS.

27 Un Tableau capital & très-rare de ce Maître. Il repréfente un Payfage pittorefque, garni

d'arbres de toutes efpeces ; le milieu du fujet eft occupé par un terrein très-éclairé, conduifant à un abreuvoir ; & cette partie de la compofition eft ornée de divers animaux & figures favamment grouppés & diftribués.

Il doit nous fuffire d'indiquer ce Tableau aux connoiffeurs, & de nommer fon Auteur, pour nous difpenfer d'entrer dans le détail des éloges qu'il mérite, & nous croyons qu'on y retrouvera partout les beautés qui caractérifent la célébrité de *P. P. Rubens. Hauteur* 33 pouc. & demi, *larg.* 45 pouc. B.

PAR LE MÊME.

28 Un fujet de quatre figures de proportion, forte comme nature, portrait d'un homme & d'une femme avec deux enfans, & que l'on croit repréfenter cet Artifte & fa famille.

Ce Tableau, grandement compofé, eft d'une vigueur de touche & de couleur prefque fupérieure au genre ordinaire de ce Maître. Il tient dans toutes fes parties à la grande École d'Italie, & paroît une des productions de la plus grande force de fon pinceau. *Haut.* 48 pouces, *larg.* 41 pouces. T.

PAR LE MÊME.

29 Un grouppe de deux Enfans nuds, & qui fe tiennent embraffés.

Ce morceau auffi très-brillant de couleur & plein de feu, eft parfaitement confervé. *Hauteur* 34 pouc. *larg.* 16 pouces T.

PAR LE MÊME.

30 Une belle Femme repréſentée en Jardiniere ; elle eſt accroupie, & le coude appuyé ſur le couvercle d'un panier rempli de fleurs, elle eſt vétue d'un corſage & d'une juppe de ſatin jaune ; le fond eſt terminé par un ciel & quelques maſſes d'arbres.

Ce Tableau dont la figure eſt de proportion naturelle, eſt d'une couleur brillante & vigoureuſe. *Hauteur* 48 pouces, *largeur* 38 pouces. T.

A. VANDIK.

31 Le portrait d'Olivier Cromwell. Il eſt repréſenté la tête nue, vue de trois quarts, revêtu d'une armure ou cuiraſſe d'acier, ayant la main droite ſur ſon caſque qui eſt poſé ſur une table couverte d'un tapis rouge, & tenant de la main gauche, le bâton de commandement.

Ce Morceau capital, nous paroît réunir au plus haut degré la force de l'expreſſion & du caractere à la vigueur du coloris. *Hauteur* 51 pouces, *largeur* 41 pouces. T.

GERARD LAIRESSE.

32 Un ſujet allégorique, compoſé de quatre figures, dont les deux principales, ſont un guerrier Romain & une femme, qui forment une alliance ; entre ces perſonnages, eſt placé

un Amour qui les unit; au deſſus ſe voit un génie qui tient de la main droite un cercle d'or, qu'il ſoutient ſur la tête de la femme, & de la main gauche, il porte le flambeau de l'Himen. Le fond d'une riche Architecture, avec fi-gures en cariatide, contrib ue àformer un enſemble auſſi noble que parfait.

Ce Tableau juſtifie le rang diſtingué que *G. Laireſſe* s'eſt mérité parmi les Peintres de l'École Hollandoiſe. La pureté dans l'emploi des couleurs, le beau fini, en conſervant toujours l'exécution large du genre de l'hiſtoire l'ont fait ſurnommer le Raphael de l'École Flamande, tous ſes détails & acceſſoires ſont étudiés & tous les fonds ont toujours un intérêt qui plaît, ſans nuire à l'effet général. Ce morceau joint aux ſublimes qualités de la perfec_tion de l'art, une conſervation parfaite, & le choix le plus heureux par ſon ſujet. &c. *Hauteur* 4 pieds 2 pouc. *largeur* 3 pieds 9 pouces 6 lignes. T.

PAR LE MÊME.

33 Cérès ſe repoſant, après avoir inutilement cherché ſa fille Proſerpine, eſt inſultée par un enfant, qu'elle punit, en le métamorphoſant en lézard. Compoſition de trois figures principales dans un payſage, dont la droite eſt occupée par une grande fabrique & enrichie de divers acceſſoires.

Ce Tableau capital & ſagement compoſé, eſt auſſi une des belles productions de ce maître. *Hauteur* 42 pouces, *larg.* 45 pouces. T.

PAR LE MÊME.

34 Un Tableau d'une grande fineſſe, offrant
le ſujet de Vénus qui préſente des armes à
Enée; cette compoſition intéreſſante, eſt enrichie de pluſieurs Amours, un Fleuve perſonnifié
par la figure d'un vieillard vu par le dos.

Ce Morceau précieux a été vu des amateurs avec ſa-
tisfaction, lors de la vente du cabinet de M. de Mon-
triblond. *Hauteur* 19 pouces, *largeur* 21 pouces. T.

PAR LE MÊME.

35 Une belle Étude de ce maître, repréſentant
une figure d'homme allégorique à la vendange;
il eſt vu de face juſqu'à l'eſtomac, la poitrine
& les épaules découvertes, coëffé d'un bran-
chage de vignes, & tenant dans ſes mains
une bouteille d'ozier.

Ce Morceau eſt ſavamment peint & d'une belle couleur. *Hauteur* 25 pouces & demi, *largeur* 21 pouces
& demi. T.

J WENINX.

36 Un payſage de ſite Italien, vu au ſoleil
couchant; on y voit au milieu une tour &
quelques mazures en ruines, conſtruites près
d'une arche de pont; au bas de ces fabriques,
eſt un courant d'eau renfoncé, près duquel ſont
diverſes figures ſur le rivage, dont quelques-unes
ſe diſpoſent à ſe baigner.

B iij

Ce Morceau eſt d'une bonne touche, & d'un ton de couleur chaud & vigoureux. *Hauteur* 17 pouces, *largeur* 12 pouces. B.

P A R L E M Ê M E.

37 La vue d'un Port de mer, la gauche de la compoſition offre une figure coloſſale, & un portique d'architecture ruiné, au travers duquel on apperçoit pluſieurs vaiſſeaux garnis de voiles ſur les différens plans. Au devant ſont quantités de figures, dont un grouppe principal compoſé de trois marchands Indiens.

Ce Morceau, d'une touche ferme & du ton de couleur le plus vigoureux, eſt rendu avec les effets piquans qui caractériſent la belle maniere de ce maître. *Hauteur* 20 pouces 6 lignes, *largeur* 26 pouces. T.

P A R L E M Ê M E.

38 Un très-beau Tableau de ce maître, d'une compoſition ſimple & intéreſſante; il repréſente l'entrée d'un Palais près duquel ſont un homme & une femme de diſtinction & manifiquement vêtus, conſidérant des piéces de gibiers que leur préſente un valet de chaſſe; derriere eux, eſt une ſuivante portant dans ſes mains une corbeille de fruits, la droite du ſujet offre une perſpective de payſage d'un beau ſite & ſavemment rendue.

Ce Morceau offre dans toutes ses parties une touche large & brillante, & des détails de la plus grande beauté. *Hauteur* 39 pouces, *largeur* 57 pouces. T.

JEAN STEEN.

39 Samson endormi sur les genoux de Dalila, qui profite de son sommeil, pour lui couper les cheveux.

Ce Morceau, dont le sujet consiste dans les deux principales figures, offre encore un fond intéressant, dans lequel se voyent quelques personnages qui y forment un accessoire convenable ; il est traité (avec une dignité peu ordinaire, à la manière de *Jean Steen*, & il paroît ne laisser à desirer aucune des autres beautés qui caractérisent son genre. *Hauteur* 34 pouces, *largeur* 26 pouc. T.

VERKOLIÉ.

40 L'Enlévement d'Europe, très-riche composition & d'une belle couleur.

Ce morceau agréable, offre une distribution d'ensemble qui séduit ; nous le regardons comme un des bons ouvrages de ce Maître. *Hauteur* 20 p., *largeur* 24 p. T.

GERARD DOW.

41 Un Tableau, sujet d'une jeune femme vue à mi-corps, & de grandeur naturelle, au travers d'une fenêtre ; elle a la tête tournée sur la droite comme pour regarder quelqu'un qu'elle attend, & elle étend la main gauche

pour fermer le volet de la fenêtre : cette figure gracieuse est coëffée d'une toque en or
mêlée de perles & porte un riche corset de
velours vert brodé.

On ne peut rien offrir de plus frappant & de plus
vrai que l'ensemble de ce Tableau ; les carnations ainsi
que les détails de l'ajustement retracent à la fois la précieuse maniere de *Gerard Dow*, & les beaux effets de
couleur de *Rembrandt*. *Hauteur* 37 pouces, *largeur*
29 pouces. T.

LE CHEVALIER A. VANDER WERF.

42 Un grand Tableau très-rare & très-précieux
de ce Maître ; sujet de deux figures de proportion forte comme nature, & dans lesquelles
cet Artiste a conservé toute la grace de ses
petites productions : il représente un jeune
faune assis, & ayant auprès de lui une belle
femme dont le bras est appuyé sur l'un de
ses genoux ; ils sont l'un & l'autre placés au
pied d'un gros arbre, dont le feuillage portant son ombre sur leurs têtes & sur le haut
de leur corps, produit, dans cette partie du
sujet, un effet admirable de demi teinte : le
Berger tient dans ses mains une flutte dont
il paroît que sa compagne écoute les sons
avec plaisir : le fonds offre une intention de
paysage avec quelques parties d'architecture.

ſ Rien n'eſt plus beau & plus capital dans ce genre que ce morceau. Les Amateurs ne manqueront pas de le regarder comme le chef-d'œuvre des Tableaux de ce Peintre, qui ont paru juſqu'à préſent dans la capitale. Nous n'entrerons dans aucun détail de ſes beautés, qui toutes nous paroiſſent au-deſſus de la deſcription, & nous nous bornerons à deſirer que cette occaſion de vente lui faſſe rencontrer une place vraiment digne de lui. *Hauteur* 5 pieds 8 pouces, *largeur* 4 pieds 5 pouces. T.

PAR LE MÊME.

43 Deux Tableaux faiſant pendans, ſujets de portraits de femmes, vues en demi nature, & richement ajuſtées; l'une d'elles eſt vue de face, vêtue d'une Robe de ſatin blanc, & tenant des roſes ſur ſes genoux; l'autre eſt aſſiſe de côté, vue de trois quarts, & ajuſtée d'une robbe de ſatin bleuatre : divers acceſſoires très-riches ornent ces deux morceaux, dont les fonds préſentent des vues de jardins.

La touche en eſt finie & précieuſe, & ils ſont parfaitement conſervés. *Hauteur* 29 pouces & demie, *largeur* 24 pouces. T.

GERARD TERBURG.

44 L'Intérieur d'une Chambre, où l'on voit par le dos une jeune femme debout, ajuſtée d'une grande colerette rabattue ſur ſon corſet, & d'une jupe de ſatin blanc; elle eſt coëffée en

cheveux treſſés, & tient dans ſes mains un papier de muſique ; elle ſemble parler à un homme aſſis, vu de profil, & vêtu dans le coſtume d'un Officier ; il a les jambes croiſées & fait un geſte du bras droit en parlant : plus loin, une femme vêtue en noir boit un verre de vin ; derriere elle eſt un lit rouge, ſur la gauche un tabouret & une table de toilette, ſur laquelle ſont une écuelle d'argent, un miroir & un flambeau.

Ce charmant Tableau eſt d'une exécution admirable, d'une grande vérité & d'un beau ton de couleur. *Hauteur* 26 pouces, *largeur* 18 pouces. T. N°. 27 du catalogue de M. Lebœuf.

Gaspard Netzcher.

45 L'Intérieur d'un Appartement, où ſe voyent quatre figures ; à droite eſt une porte ouverte, par laquelle un homme vêtu de noir, tenant ſon chapeau, & précédé de ſon chien, entre dans la chambre ; une jeune femme vêtue d'un corſet rouge & d'une jupe de ſatin blanc, va au-devant de lui pour le recevoir, ayant les deux mains l'une ſur l'autre, pendant que derriere elle eſt une autre dame jouant de la guittarre devant un papier de muſique poſé ſur une table couverte d'un tapis de turquie : dans le fonds, près d'une cheminée, eſt un

homme qui se retourne pour voir celui qui entre.

Ce Tableau aussi très-précieux & d'une belle touche, peut servir de pendant au précédent. *Hauteur* 26 pouces, *largeur* 30 p. B. Nº. 28 du catalogue de M. Lebœuf.

G. SKALKEN.

46 Une jeune Femme vue à mi-corps & de profil, tenant de la main gauche un chandelier, & de la droite une bougie pour l'allumer à un tison qu'elle souffle à cet effet.

Ce morceau, d'une vérité qui fait illusion, ne le cede à aucun des morceaux de ce genre, qui sont connus de ce Maître. *Hauteur* 23 pouces, *largeur* 21 pouces. T.

PAR LE MÊME.

47 Un grand Tableau, représentant un vieillard vu à mi-corps & presque nud.

Etude sçavante & du fini le plus parfait. *Hauteur* 38 pouces, *largeur* 32 pouces. T.

PAR LE MÊME.

48 Un Sujet de trois figures vues à mi-corps, & éclairées à la lueur d'une bougie ; celle du milieu est une belle femme essayant de placer à son bras un ajustement de perles qu'il paroît qu'elle vient de recevoir d'un jeune homme vêtu à l'espagnole, & placé sur la gauche du Tableau.

Ce morceau de forme céintrée par le haut, est rendu avec beaucoup de finesse & de justesse dans l'effet. *Hauteur* 12 pouces, *largeur* 8 pouces 9 lignes. C.

PAR LE MÊME.

49 Le même sujet traité en grande proportion. Il est aussi d'une bonne couleur & d'un pinceau agréable. *Hauteur* 25 pouces, *largeur* 20 pouces. T.

JEAN VANHUYSUM.

50 Deux Tableaux capitaux de ce maître ; l'un représente un superbe Grouppe de Fleurs, placées dans un vase, orné de bas – reliefs d'enfans ; l'effet de lumiere principal, est porté sur des roses de différentes couleurs, au-dessus desquelles s'élevent de belles tulipes, des pavots & autres fleurs variées ; le vase se trouve posé sur une table de marbre, aussi couverte de différentes fleurs détachées, & dont l'effet est parfaitement lié au reste de la composition.

Le pendant, d'un effet clair & brillant, offre un amas des plus beaux fruits de toute espéce, comme raisins, pêches, prunes, melons, &c., artistement grouppés avec quelques fleurs, le tout placé sur une table de marbre, & terminé par un fond d'architecture mêlé de paysages.

Ces deux sujets de genre sont étudiés, & rendus avec toute la perfection dont ils étoient susceptibles ; on y retrouve dans tous les détails, une vérité & une justesse qui font presque illusion à la nature. On y admire principalement l'intelligence des effets de jour, entre les divers objets rassemblés dans les deux grouppes, une harmonie de tons, & une transparence de couleurs, qui n'appartenoient qu'à ce maître ; il les a de plus ornés de divers insectes, dont la touche juste & spirituelle, semble les animer. *Hauteur* 29 *pouces, largeur* 22 *pouces* 6 *lignes.* B.

D. TENIERS.

51 L'Intérieur d'une Chambre de paysans ; sur le devant & autour d'une table, on voit sept personnages principaux, dont deux jouent aux dés, un troisieme tenant sa pipe les regarde ; dans le fond à droite, on voit un homme une cruche à la main, montant quelques marches de pierre.

Ce tableau d'une finesse extraordinaire, est aussi peint avec une force & une harmonie de couleurs égales à celle des beaux ouvrages de Rembrant. *Hauteur* 15 *pouces* 6 *lignes, largeur* 22 *pouces* 3 *lignes.* T. N°. 33 du catalogue de M. le Comte de Vaudreuil.

PAR LE MÊME.

52 Un autre Tableau d'une grande composition de ce maître ; & dont le sujet représente l'Intérieur d'une Tabagie Hollandoise, on y voit au pre-

mier plan fur la gauche, trois buveurs autour d'une table, dont deux font occupés à
jouer aux cartes, l'un d'eux à la tête vue
prefque de face, il tient d'une main un pot
de bierre, dans lequel il fe difpofe à boire,
& montre fes cartes de l'autre main avec
fatisfaction, comme y voyant beau jeu ; fon
adverfaire eft un vieillard vu de profil, tenant
fes cartes à deux mains, & les montrant à un
camarade qui femble lui annoncer une partie
perdue : derriere eux font deux autres fu-
meurs debout confidérant auffi le jeu ; le fond
du tableau eft occupé par une troupe de
gens raffemblés devant une cheminée, dont
un parlant à une fervante, qui tient une porte
entr'ouverte pour fortir ; entre ces deux grouppes, on remarque un autre perfonnage éten-
du fur un banc, la tête appuyée fur fes bras
& endormi ; à droite fur le devant font un
tonneau, quelques buches, un chien lévrier
dormant, & diverfes autres acceffoires ingénieufement grouppés & rendus.

Ce précieux morceau déja très-capital par l'étendue
d'une belle compofition favamment & agréablement
diftribuée, eft auffi très-recommandable par l'efprit de la
touche, & l'intelligence de couleurs qui y regnent ; le
grouppe de figures offre autant de caracteres que de
perfonnages, tous variés d'expreffion, & d'une vérité

inimitable, & il nous paroît, ainsi que tous le reste de l'ensemble, devoir présenter aux vrais connoisseurs, toutes les beautés qui méritent à cet artiste le premier rang parmi les peintres de ce genre. *Hauteur* 17 pouces 6 lignes, *Largeur* 24 pouces 6 lignes. B.

P A R   L E   M Ê M E.

53 Un Paysage Flamand, d'une composition gracieuse & pittoresque; on y voit sur le premier plan à gauche, un cabaret, près duquel sont quatre buveurs assis autour d'une table, devant eux, est un vieillard debout, tenant sa pipe d'une main & son bâton de l'autre, & qui paroît le maître de l'hôtellerie; plus loin au second plan, est une autre maison rustique près de laquelle chemine une femme ayant un pot à lait dans son bras; en avant du même côté, est un puits, & sur le devant une marre d'eau : toute cette composition se détache sur un ciel brillant & lumineux, qui porte dans tout le sujet un effet de soleil, infiniment vrai.

Ce précieux Morceeau ne laisse rien à désirer pour le choix parmi les sujets de ce genre, on y retrouvera au plus haut degré la liberté de touche, & la belle couleur qui caractérisent les meilleurs tableaux de cet Artiste. *Hauteur* 17 pouces, *Largeur* 12 pouces. B.

P A R   L E   M Ê M E.

54 Un sujet de trois figures principales dans

un intérieur de chambre; de ces trois perfonnages placés au milieu du tableau, l'un eft
un vieillard affis ayant la tête découverte &
fon chapeau accroché fur le dos de fa chaife,
il tient d'une main un verre de bierre, &
de l'autre une cruche prefque pofée à terre.
Le fecond, vu de face, a la tête levée, un
coude appuyé fur fa chaife, & tient de l'autre
main une pipe; enfin le troifieme, eft debout placé entre les deux premiers, & occupé
à remplir fa pipe, deux autres figures à différentes places, garniffent le fond de ce fujet
ainfi que divers acceffoires ingénieufement
diftribués.

On remarquera encore ce Tableau, comme un des plus
fins de *D. Teniers*, dans ce genre de compofition; le fujet
eft gracieux, & d'un ftyle agréable; il nous a paru très-
pur & bien confervé. *Hauteur* 12 pouces, *largeur* 17
pouces. B.

PAR LE MÊME.

55 Un magnifique Payfage, de la plus belle
maniere & du meilleur temps de ce maître;
il offre fur la droite un terrain élevé, fur
lequel eft un ancien château fort, orné de
tours & tourelles; fur le premier plan du
même côté, font quatre payfans caufant enfemble; la partie gauche du fujet, préfente
un village dans le lointain.

Ce

Ce morceau d'un ton de couleur argentin, & de la touche la plus piquante, est éclairé par un effet de soleil, caché derriere les nuages; nous le régardons comme très - capital, & du plus beau choix dans ce genre. *Hauteur* 18 pouces, *largeur* 23 pouces. B.

PAR LE MÊME.

56 Un Intérieur de Chambre, dans le milieu de laquelle se voit un homme assis devant une table, tenant un pot de bierre d'une main, & sa pipe de l'autre; sa figure est noble & caractérisée, comme pour indiquer le portrait de *Teniers* lui-même, derriere lui sur un banc, est placé négligemment un grand manteau noir, & son chapeau se trouve accroché sur le dos de son siége; sur la droite & dans l'embrâsure d'une porte, est une servante apportant un plat, dans lequel sont des œufs.

Ce morceau est de la touche la plus vigoureuse de ce peintre, & parfaitement conservé; on remarquera sur-tout, parmi les autres beautés qui le rendent recommandable, l'air distingué & refléchi de la principale figure, dans laquelle tout semble définir le génie de l'artiste. *Hauteur* 12 pouces, *largeur* 16 pouces. B.

PAR LE MÊME.

57 Un Paysage des environs de la ville d'Anvers, dont la partie droite est occupée par des chaumieres; à la porte de l'une d'elles on

C

TABLEAUX.

voit un grouppe de cinq payfans qui fument
& caufent enfemble ; à gauche eft un chemin qui conduit à une ferme , & fur lequel
paffent trois payfans dont un eft yvre ;
un grand arbre eft dans le milieu de la còm-
pofition , & fe détache admirablement ainfi
que les autres objets , fur un ciel brillant &
bien nuagé.

Ce morceau eft de la touche ferme & favante de *Teniers*, & d'un coloris vigoureux qui tient aux beaux ouvrages de Rubens. *Hauteur* 16 p. , *largeur* 24 p. B.

PAR LE MÊME.

58 L'Intérieur d'une tabagie , dans laquelle
on compte onze figures de payfans , chacun
variés de caractere & d'attitude ; le grouppe
principal placé à la droite de la compofition ,
offre cinq perfonnages autour d'un tonneau
qui fert de table , s'amufant à boire &
fumer.

Ce Tableau d'une beauté rare , tant par le favant de
la touche que la vérité & la tranfparence de la
couleur , nous préfente une des magnifiques productions de cet artifte unique par fon genre. *Hauteur*
14 pouces, *largeur* 22 pouces. B.

PAR LE MÊME.

59 Une compofition très-capitale , & du ton
de couleur le plus argentin ; on y compte

plus de trente figures, dont une partie est rassemblée autour d'une table, & au dehors d'un cabaret à se divertir, tandis que d'autres s'amusent à jouer à la boule près d'un puits.

Chaque morceau de cet artiste, offre une variété infinie; aucune de ses figures ne se ressemble, sans jamais s'être écarté des attitudes & des gestes naturelles de chacune; & nous ne doutons pas que cette belle production ne soit vue des amateurs & artistes avec satisfaction. *Hauteur* 19 *pouces* 6 *lignes, largeur* 33 *pouces.* T.

PAR LE MÊME.

60 Un autre Tableau, du bon temps & du beau faire de ce maître; il représente un Homme & une Femme assis l'un auprès de l'autre dans une chambre, & tenant chacun une fleur qu'ils ont détachée d'un pied d'œillet, que l'on voit devant eux placé sur un siége, ils paroissent considérer cette fleur, & en respirer l'odeur; quelques autres figures dans le fond, & divers accessoires analogues, contribuent à faire désigner ce tableau, sous le titre de l'odorat.

Ce morceau bien caractérisé, est touché avec esprit, & d'un beau transparent de couleur. *Hauteur* 14 *pouces, largeur* 12 *pouces* 3 *lignes.*

C ij

PAR LE MÊME.

61 Un grand Payſage , dont le milieu du ſujet offre une Egliſe de couvent , à laquelle conduit un pont , conſtruit ſur une riviere dont les eaux s'étendent ſur la partie gauche du devant du tableau ; à droite au premier plan eſt un terrein élevé , ſur lequel ſont pluſieurs figures de Bohémiennes , dont une diſant la bonne aventure à un payſan ; un ciel clair & brillant termine cette compoſition , & porte un jour doux & agréable ſur les différens plans.

Ce morceau d'une touche large , ſavante & légere , eſt du ton de couleur tranſparent & argentin , eſtimé dans les ouvrages de *Teniers*. *Hauteur* 31 *pouces* , *largeur* 44 *pouces*. T.

PAR LE MÊME.

62 Un Payſage ſavamment touché , à l'imitation de *Lucas Van Uden* ; on y voit en ſecond plan , des payſans qui s'amuſent à tirer de l'arc ; ſur le devant & dans le milieu eſt un grouppe de trois figures qui cauſent enſemble. *Hauteur* 27 *pouces* , *largeur* 21 *pouces*. T.

PAR LE MÊME.

63 Un Payſage de ſite montagneux , vu à

l'effet du foleil couchant, il eft orné fur le premier plan, de deux figures de payfans qui gardent leurs moutons & des vaches ; on voit encore fur la droite de la compofition, des canardsdans une marre.

Ce morceau dans un âge avancé de *Teniers* laiffe voir dans la touche & le transparent dans la couleur, l'habile peintre qui l'a produit. *Hauteur* 20 pouces, *largeur* 32 pouces.

PAR LE MÊME.

64 Un petit Payfage flamand, repréfentant l'entrée d'un village fur le devant duquel eft une haute maifon auprès d'une marre d'eau que l'on voit fur la gauche ; au milieu du fujet font plufieurs figures ingénieufement grouppées, & toute la compofition fe détache fur un ciel clair & brillant.

Ce morceau eft d'un joli ton de couleur, & très-agréable de ce maitre. *Hauteur* 8 pouces, *largeur* 11 pouces. B.

PAR LE MÊME.

65 Un Payfage vu à l'effet de la nuit, & peint dans le ftyle de *Vander Neer* ; il repréfente un Village hollandois fur le bord d'un canal ; on apperçoit dans le fond à gauche, le difque de la lune qui fe leve, & en avant

C iij

fur le premier plan, quelques figures de pêcheurs occupées à retirer de l'eau leurs filets. *Hauteur* 15 pouces, *largeur* 20 pouces. B.

PAR LE MÊME.

66 Un petit Payſage très-fin & du bon temps de ce maître, au milieu duquel ſe voit un Château flamand entourré d'arbres; ſur le devant ſont deux figures de payſans qui paroiſſent ſe rencontrer; le ton du ciel eſt brillant, & donne différens coups de jour dont l'effet eſt porté ſur les différens plans. *Hauteur* 4 pouces 3 lignes, *largeur* 6 pouces 3 lignes. B.

PAR LE MÊME.

67 Le portrait du fils de *D. Teniers*; il eſt repréſenté à mi-corps & vu preſque de face, tenant dans ſa main gauche un morceau de ſucrerie, que l'on donne aux enfans de cet âge dans les jours de foire.

Ce Tableau eſt autant curieux par la beauté du pinceau, que par ſa frappante vérité. *Hauteur* 7 pouces, *largeur* 13 pouces. T.

PAR LE MÊME.

68 Le triomphe de Neptune & d'Amphitrite ſur les eaux; ce Dieu eſt repréſenté accom-

pagné de la Déesse, tous deux assis sur un
char attelé de deux chevaux marins, & entourré de Tritons, Génies & Nimphes de la
mer.

Ce Morceau très-agréable par le sujet, & extraordinaire au genre de D. *Teniers*, est connu pour une de ses
plus belles pastiches, dans le style des compositions de
Rothenamer, mais on y retrouve par-tout la finesse de
couleur, & la touche spirituelle de cet Artiste ingé-
nieux à reproduire toutes les manieres des Peintres de
son tems. *Hauteur* 10 pouces 3 lignes, *largeur* 13 pouces
3 lignes. C. n°. 90, du Catalogue de M. de Gagny.

P A R   L E   M Ê M E.

69 Un Tableau pastiche, représentant Saint
Jérôme en méditation dans une grotte. *Haut.*
9 pouces 6 lignes, *largeur* 7 pouces. B.

I S A A C   O S T A D E.

70 La vue d'un Canal glacé, sur lequel sont
diverses figures de tous âges ; la partie droite
de cette composition est occupée par un rivage, dont le premier plan est orné de quelques
figures de matelots causant ensemble auprès
d'une cabane, & dans l'éloignement est une
dune sur laquelle est construit un moulin ;
le ciel en est nébuleux sur les devants, &
clair & argentin dans les fonds,

C iv

Ce Morceau est bien conservé, & d'une composition riche. *Hauteur* 16 pouces, *largeur* 24 pouces. B.

P A R   L E   M Ê M E.

71 Un Paysage agréable & d'un site très-pittoresque; il est traversé sur le devant par une marre d'eau, étendue sur un chemin frayé, & dans laquelle passent un homme à cheval, & une jeune paysanne hollandoise ajustée en laitiere; sur le plan avancé, est un jeune garçon tirant à lui un veau qui le suit à l'aide d'une corde; le fond à gauche, indique un hameau, d'où l'on voit sortir un chariot que conduit un homme.

Ce Morceau, dont le ciel est réparé en très-grande partie, est bien conservé quant au paysage où l'on remarque une couleur & une touche qui font regretter qu'il ne soit pas entierement pur. *Haut.* 14 pouces & demi, *largeur* 18 pouces. B.

P A R   L E   M Ê M E.

72 Un grand Tableau représentant une vue de paysage prise daus les campagnes d'Utrecht; le milieu offre deux grands arbres bien feuillés, & artistement éclairés du soleil; sur la gauche, auprès d'une chaumiere entourrée d'arbres, est une grande place où le Peintre a placé diverses figures & un chariot; le côté opposé

offre un canal sur lequel est construit un lé-
ger pont de bois ; le fond se termine par des
lointains de Dunes. *Hauteur* 27 pouces, *largeur*
38 pouces. B.

ADRIEN VAN OSTADE.

73 Un Tableau représentant un intérieur de
chambre de paysans, dans laquelle on voit
quatre figures vues à mi-corps, dont celle principale est un homme assis, tenant une chau-
frette dans sa main gauche, pour allumer sa
pipe ; il a le visage tourné en face, & porte
un chapeau gris & une fraise à son col : devant lui est une petite table de forme en
triangle, sur laquelle est posée une canette de
bierre & une pipe : en second plan, près
d'une croisée qui éclaire le sujet, sont deux
hommes qui jouent aux cartes, plus loin une
servante qui les regarde.

Ce Tableau d'une grande pureté, est du meilleur tems
d'*Ostade*, & de son plus beau fini. *Hauteur* 10 pouces
3 lignes, *largeur* 8 pouces 3 lignes. B.

PAR LE MÊME.

74 L'Intérieur d'une Tabagie Hollandoise, dans
laquelle on voit deux paysans assis près d'un
escabel où sont posées des cartes, deux pipes
& une petite chauffrette de terre : l'un deux

vu de face, dans l'attitude la plus vraie, à
la tête couverte d'un chapeau selon l'usage
des matelots, tenant une canette de bierre
dans sa main droite, & causant avec son ami
qui est vu de trois quarts, portant une toque
rouge ; il est assis tenant sa pipe, ajusté d'une
veste bleue, ayant un couteau pendu à sa
ceinture : du côté opposé, sur le même plan
est un chien endormi ; une croisée placée dans
le milieu de la chambre, & de laquelle le
sujet tire la lumiere & ses effets, laisse voir
trois hommes vus en demi teinte, qui font
autour d'une table, & jouent aux cartes.

Ce Tableau admirable pour l'harmonie de la couleur
& l'entente du clair obscur, est regardé comme une des
parfaites productions d'*Ostade*, qui a excellé à rendre les
attitudes des paysans avec une vérité frappante. *Hauteur*
19 pouces, *largeur* 12 pouces. B.

P A R   L E   M Ê M E.

75 Un Intérieur de chambre ou cabanne de
payfans, dans lequel toute la lumiere se trouve
rassemblée au centre du sujet : à cet endroit
l'Artiste a placé un grouppe de trois figures
de buveurs assis auprès d'un petit tonneau qui
leur sert de table : plus loin, sur la droite,
en est un quatriéme debout & appuyé contre
une piece de bois.

Ce morceau traité dans le genre de *Brawer*, eſt d'un effet piquant, & il eſt pur de ce Maître. *Hauteur* 12 pouces, *largeur* 14 pouces. B.

PAR LE MÊME.

76 Une Tête de jeune homme vue de trois quarts, un peu inclinée & les yeux fixés ſur un livre qu'il tient de ſes deux mains.

Ce morceau auſſi très-pur & de la belle couleur de ce Maître, eſt d'un effet juſte & précieux. *Hauteur* 8 pouces, *largeur* 6 pouces & demie. B.

PAR LE MÊME.

77 Une compoſition de trois figures de payſans; ils ſont repréſentés aſſis au dehors de leur maiſon, & occupés à boire & fumer.

Rien n'eſt plus naturel que la ſituation & l'attitude des figures dans les ouvrages de ce grand Peintre, & ce qui eſt admiré davantage dans ſes productions, c'eſt la dégradation des couleurs, & l'entente du clair obſcur; celui-ci nous paroît réunir toutes ces perfections. *Hauteur* 11 pouces, *largeur* 9 pouces. B.

VANDER WLFT.

78 La Vue du dehors d'une ville, auprès d'une riviere dont le rivage eſt garni de pluſieurs barques marchandes: la gauche de la compoſition préſente des murailles élevées, & quelques fortifications; & ſur le devant, au pre-

mier plan, un riche portique d'architecture en ruine, sous lequel passent différens personnages & un chariot avec divers bagages : au second plan, à droite, on apperçoit un pont, & au-delà quelques lointains de montagnes.

Ce précieux Tableau, d'un ensemble riche & gracieux, est du bon tems de ce Maitre ; la distribution des figures en est agréable, & la touche en est spirituelle ; il nous paroît mériter un rang distingué parmi les ouvrages de cet Artiste. *Hauteur* 14 pouces & demie, *largeur* 18 pouces. T.

PHILIPPE WOUVERMANS.

79 Une composition très-étendue de ce Maître, offrant la vue d'une vaste campagne, dans laquelle cet Artiste a représenté une chasse au vol ; rien n'est plus riche & plus varié que ce sujet, où on retrouve à la fois presque tous les genres que ce Peintre a traités par parties dans ses nombreuses productions ; on y découvre sous un ciel nuageux, sans être obscur, une infinité de plans admirablement entendus par une dégradation sentie & rendue avec justesse ; l'œil attentif retrouve sur ces différens plans toutes sortes de grouppes de figures analogues au sujet, les unes occupées de la chasse, comme chasseurs, fauconniers,

valets de chiens ; les autres regardant ou placées çà & là pour la compofition , comme
payfans , laboureurs & paffagers ; fur le devant font les principaux perfonnages de cette
partie de plaifir , hommes & femmes avec
chevaux & valets de chaffe , compofans plufieurs grouppes auffi très - intéreffans.

Nous nous contenterons , fans entrer dans le détail
des beautés de ce Tableau extraordinaire , de l'annoncer
comme le plus capital connu de ce Maître qui foit en
France , & nous efpérons qu'il fera confidéré & apprécié
comme tel par tous les amateurs. *Hauteur* 3 pieds , *largeur* 4 pieds. T.

PAR LE MÊME.

80 Un grand Tableau repréfentant une efcar-
mouche de cavalerie fur un terrein élevé &
garni de quelques arbres ; on y voit différens
grouppes de guerriers fe battant au piftolet
& à l'arme blanche , & fur le devant une quantité de gens bleffés qui indiquent une défaite ;
le ciel en eft chaud & vigoureux , & les différens plans font variés avec intelligence.

Ce Tableau offre une des grandes compofitions de
cet Artifte pendant fon féjour en Italie ; la touche en eft
ferme & précieufe ; le mouvement de l'action en eft bien
fenti , & il nous paroît parfaitement confervé. *Hauteur*
30 pouces , *largeur* 43 pouces 6 lignes. T.

PAR LE MÊME.

81 La Vue d'une campagne dont la partie
droite eſt occupée par une portion de maiſon
de cabaret où ſont arrêtés des chaſſeurs,
l'un d'eux deſcendu d'un cheval blanc, eſt
occupé à donner de l'argent à un valet qui
leur a ſervi à boire ; une riviere & des lointains de montagnes occupent la partie droite
& laiſſe voir en plan coupé une pauvre femme
portant un enfant ſur ſon dos & en tenant
un autre par la main ; un ciel de la plus grande
fraicheur & heureuſement nuagé, contribue
à l'effet brillant de ce Tableau, dont toutes
les figures & acceſſoires reſſortent & ſe détachent avec l'intelligence & l'agrément
ordinaires dans les ouvrages de ce Peintre,
auſſi aimable par ſon genre, que précieux dans
l'exécution. *Hauteur* 16 pouces 3 lignes, *largeur* 13 pouces 6 lignes. B.

PAR LE MÊME.

82 Un autre Tableau d'un ſite pittoreſque, repréſentant un payſage avec chaumiere & chute
d'eau : le milieu offre un terrein élevé &
deux arbres dépouillés de leurs feuilles, &
auprès deſquelles ſont arrêtés des cavaliers qui
font rafraichir leurs chevaux ; des lointains &

des dunes terminent les fonds fur la gauche.

Ce Tableau très-piquant par l'effet, chaud de couleur, & tranfparant dans les détails, nous paroît tenir
à la plus belle maniere de cet Artifte à fon retour d'I-
talie. *Hauteur* 16 pouces, *largeur* 14 pouc. 9 lig. B.

PAR LE MÊME.

83 Une Halte de Cavaliers à la porte d'un
Maréchal ; on en voit un fur le devant occupé à remettre fes éperons, tandis qu'un
jeune garçon tient fon cheval ; l'autre eft
debout plus loin confidérant le maréchal qui
remet un fer au fien.

Ce fujet très-piquant, fe détache fur un fond agréable occupé par deux cabannes ruftiques, dont l'une plus
éloignée que l'autre indique un cabaret ; il eft parfaitement confervé, du plus beau ton & du meilleur
temps de ce maître. *Hauteur* 18 pouces, *largeur* 14
pouces & demi. B.

PAR LE MÊME.

84 Un autre Sujet auffi très-fin & très-piquant
de ce maître ; il repréfente deux Voyageurs
arrêtés fur une butte fablonneufe, derriere
laquelle on apperçoit le toît d'une cabanne
de payfans, qui fe détache fur un ciel clair
& grisâtre, l'un d'eux eft defcendu de cheval,
& affis comme pour fe repofer.

Ce morceau eſt auſſi très-intéreſſant, & d'un faire agréable. *Hauteur* 16 *pouces*, *largeur* 13 *pouces* & demi. B.

PAR LE MÊME.

85 Deux Tableaux faiſant pendans; ils repré-ſentent l'un une Troupe de Payſans aſſis, au milieu deſquels eſt un cavalier vu de face, & regardant un cheval blanc qui ſe trouve à ſa gauche; l'autre un Muletier monté ſur un cheval blanc, & ayant auprès de lui un autre cheval chargé; devant lui eſt placée une femme tenant un enfant, & qui paroît attendre le vaſe dans lequel il boit.

Ces deux compoſitions très-piquantes, ſe détachent ſur des fonds de ciels bien nuagés, & d'un ton de couleur vigoureux. *Hauteur* 11 *pouces*, *largeur* 14 *pouces*. B.

PAR LE MÊME.

86 Un autre Payſage très-riche de compoſi-tion, & dont le ſecond plan éclairé du ſoleil, préſente un Champ de moiſſon, dans lequel ſont les moiſſonneurs; ſur les terrains du devant ſont pluſieurs belles figures de cava-liers, & autres perſonnages parfaitement diſ-tribués; la gauche du ſujet eſt occupée par un charriot attellé de quatre chevaux, con-duit par des payſans; les fonds du tableau

éclairés

éclairé dans une demie teinte qui indique la fin du jour, offrent des lointains variés, & des sites montagneux.

Nous regardons ce morceau comme très-capital de ce maître, & de son meilleur temps. *Hauteur* 14 pouces, *largeur* 20 pouces. T.

PAR LE MÊME.

87 Un Intérieur d'Ecurie, à l'entrée de laquelle se voyent divers personnages, dont une jeune dame à cheval, & un cavalier occupé à remettre ses éperons pour monter un cheval blanc, que tient un valet auprès de lui; divers autres accessoires terminent cette composition; dont l'ordonnance est capitale. *Hauteur* 14 pouces, *largeur* 18 pouces. B.

PAR LE MÊME.

88 Deux autres Tableaux faisant pendans; ils représentent l'un un Attelier de Maréchal établi au pied d'un arbre, & près d'une masure sur le rivage de la mer; & l'autre un Paysage dont la gauche est occupée par une montagne, au pied de laquelle sont arrêtés des chasseurs: on remarque dans le premier un voyageur, faisant remettre un fer à son cheval, & plus loin un autre ca-

D

valier faisant route sur le bord de la mer, que l'on apperçoit dans l'éloignement.

Ces morceaux intéressans présentent deux compositions agréables ; & sans être de la premiere classe, ils nous paroissent mériter de la considération parmi les ouvrages de ce maître. *Hauteur* 16 pouces, *largeur* 14 pouces & demi. B.

PAR LE MÊME.

89 Un Paysage avec Chaumiere, dans le milieu est un cavalier arrêté au pied d'un vieux arbre, pour remettre sa botte, son cheval de couleur blanchâtre, se détache admirablement sur le ciel.

Ce morceau du ton de couleur le plus riche, offre un effet vigoureux, digne de la plus belle maniere de Rembrandt. *Hauteur* 13 pouces, *largeur* 12 pouces. B.

NICOLAS BERGHEM.

90 Deux grands Tableaux faisant pendans ; le sujet de l'un est Sara rendue à Abraham par Abimeléch, riche composition de quatorze figures avec beaucoup d'animaux : l'autre représente l'Enfant Prodigue avec ses Maîtresses, il est vu au milieu du tableau avec une de ses femmes vêtue de satin blanc, & on y compte plus de trente autres figures sur différens plans, au milieu d'une architecture magnifique.

Ces deux rares Tableaux font grandement compofés, d'un clair obfcur étonnant, & de la touche fine & piquante de *N. Berghem*, auffi précieufe que dans fes tableaux de payfages les plus recherchés ; ils ont fait l'ornement des plus célèbres cabinets, & proviennent en dernier lieu de celui de M. de Sainte-Foy Nº. 4 de fon catalogue. *Hauteur* 38 pouces, *largeur* 34 pouces. T.

PAR LE MÊME.

91 Uu magnifique Tableau, de la plus belle touche, & du meilleur temps de ce maître, & dont le fujet paroît indiquer le retour des champs ; on y voit dans un fuperbe payfage d'un fite montagneux, une jeune femme affife fur un cheval blanc & repétant des chanfons, près d'elle eft un pâtre auffi à cheval & l'accompagnant de fa flutte ; ils font fuivis de divers animaux, qui paroiffent ainfi qu'eux fe difpofer à traverfer une grande marre qui occupe tout le devant du tableau ; ce grouppe brillant & lumineux forme un con-trafte piquant avec les terrains mis en op-pofition ; à droite au fecond plan eft un autre troupeau d'animaux marchant vers une arche de pont, & au-deffus d'eux eft un taillis dont les feuillages variés de tons & de touche fe detachent fur un ciel clair & agréablement nuagé.

D ij

Ce Tableau fublime & merveilleux dans toutes fes parties, offre partout l'exécution la plus favante de fon célèbre auteur : toutes les richeffes de détails y font prodiguées pour former la compofition la plus heureufe, & il joint à toutes ces qualités, le mérite d'une confervation irréprochable. *Hauteur* 24 pouces, *largeur* 29 pouces 6 lignes. T.

PAR LE MÊME.

92 La vue d'un Payfage champêtre, traverfé dans toute fon étendue, par une riviere, dont la rive oppofée eft bordée de quelques habitations, & terminée fur la gauche par un coteau enrichi d'arbres & de brouffailles ; fur le devant au premier plan font différens animaux, & quelques figures de pâtres, dont un homme à cheval & un vu par le dos converfant avec une femme montée fur un âne.

Il eft peu de fites plus heureux & plus interreffans ; celui-ci offre par tout les beautés d'une campagne riante, les animaux & les figures y font favamment diftribuées, & offrent partout la touche précife & correûe de cet habile peintre. *Hauteur* 10 pouces & demi, *largeur* 14 pouces. T.

PAR LE MÊME.

93 Un Payfage agréable, terminé fur la droite par des côteaux enrichis d'arbres ; le pre-

mier plan du même côté est orné d'une belle vache & de deux moutons ; & sur la gauche on voit près des arbres un berger assis, & une paysanne occupée à traire une vache ; un ciel vaporeux & qui indique une soirée, contribue à l'effet de ce morceau, dont la touche est précise, & le ton de couleur très-harmonieux. *Hauteur* 13 pouces, *largeur* 18 pouces. B.

PAR LE MÊME.

94 Un autre Paysage vu à l'effet d'une fraîche matinée ; on y voit une bergere assise près d'une muraille de construction rustique, & sur le premier plan un troupeau de différens animaux, dont quelques-uns sont dans une marre.

Ce morceau est aussi d'un effet juste, & d'une belle harmonie de tons. *Hauteur* 13 pouces 6 lignes, *largeur* 18 pouces 6 lignes. B.

PAR LE MÊME.

95 Un Tableau d'un grand effet & très vigoureux de couleur, offrant un Paysage de site montagneux, & dont la partie droite est occupée par des ruines mêlées de broussailles ; le premier plan est orné de divers animaux, & figures de bergers qui les gardent.

Ce morceau qui indique par tout la belle touche de *Berghem*, est regardé par quelques connoisseurs, pour être un des meilleurs ouvrages de *Solemaker. Hauteur* 54 pouces, *largeur* 27 pouces. T.

J. WYNANTZ.

96 Un riche Paysage, dont la partie gauche offre un de ces beaux tronçons d'arbres, que cet artiste excelloit à imiter sur la nature; le second plan du même côté, orné d'autres arbres & broussailles, se détache sur un ciel clair & vaporeux; à droite est une perspective de lointains étendus, & sur les premiers plans en deçà, sont quelques animaux conduits par un pâtre près duquel est arrêté un cavalier demandant son chemin; ces figures ainsi que les animaux, nous paroissent peintes par *A. Vandenvelde*.

Ce morceau précieux & bien conservé, doit être mis au rang des meilleurs tableaux de ce peintre. *Hauteur* 18 pouces, *largeur* 34 pouces. T.

PAR LE MÊME.

97 Un Paysage du site le plus heureux & le plus agréable, varié par différens plans & orné des plus riches détails: le milieu offre plusieurs arbres près d'une chaumiere construite de briques, & d'une haie pittoresque;

à la gauche eft un grouppe de maifons de payfans, environnées d'arbres ; la droite baignée par un lac, conduit l'œil à des lointains de ruines ; un château & des montagnes, un ciel chaud & bien nuagé indique l'heure du foleil couchant, & contribuent à faire briller le payfage, qui fe détache avec autant d'intelligence que de vérité ; quatre figures placées par *A. Vandevelde*, ajoutent à la perfection & l'agrément de ce Tableau, que nous regardons comme un des meilleurs ouvrages que cet agréable & favant Payfagifte ait produit. *Hauteur* 24 pouc. *largeur* 29 pouc. 6 lig. T.

PAR LE MÊME.

98 Deux jolis Tableaux faifant pendans, repréfentans auffi des fujets de payfages ; dans l'un on voit fur la droite, au fecond plan, uee fuite de petits bâtimens qui indiquent une ferme, & fur le devant un chemin montueux qui femble y conduire ; le pendant offre la vue d'un autre chemin, tournant au pied d'un terrain fabloneux, & bordé à gauche par une haie pittorefque ; ils font tous deux ornés de diverfes figures & animaux parfaitement d'accord avec les compofitions dont les lointains préfentent dans l'un & dans l'autre une grande étendue de campagne.

D iv

Ces deux morceaux, très-piquans d'effet, font auffi de la meilleure touche de Wynantz; on y remarquera avec plaifir les oppofitions des différens coups de lumiere produits par les rayons du foleil, & une vérité infinie dans les détails. *Hauteur* 13 pouces & demie, *largeur* 10 pouces 9 lignes. B.

G U I L L. D E H E U F S.

99 Un magnifique Payfage, fur la gauche duquel eft un lac réfléchiffant un ciel pur & dont l'effet indique une foirée ; à droite du fujet eft un chemin frayé, conduifant dans des bois, & fur lequel, à différens plans, font diverfes figures, des mulets chargés & un chariot : au milieu du Tableau, fur le devant, on remarque un troupeau de moutons & leur berger au pied de deux grands arbres, dont la tête fe détache fur le ciel.

Il eft très-pur & capital de ce Maître. *Hauteur* 25 pouces, *largeur* 29 pouces. T.

F R E D E R I C M O U C H E R O N.

100 Un fuperbe Payfage du fite le plus intéreffant ; il préfente fur la gauche une maffe de roches couronnées de quelques fabriques entourées d'arbres & de brouffailles ; dans le milieu, fur un plan incliné, fe voit un chemin pratiqué entre des peupliers, & defcen-

dant à un étang ; cette partie intéreſſante du ſujet ſe trouve ornée de pluſieurs figures de chaſſeurs pourſuivant un cerf, qui ſont peintes par *A. van den Velde*, & de ſa plus belle maniere ; un lointain de prairies & montagnes ſe détache ainſi que les arbres, ſur un ciel frais & brillant.

Rien n'eſt plus propre que ce morceau, pour prouver la perfection du talent de *F. Moucheron*, & le premier éloge qui en a pu être fait eſt dans le fini précieux des figures dont *A. vanden Velde* s'eſt plu à l'enrichir : nous laiſſons aux connoiſſeurs délicats le ſoin d'en apprécier toute les beautés. *Hauteur* 23 *pouces*, *largeur* 18 *pouces*. T.

PAR LE MÊME.

101 Un grand Tableau très - capital, & du plus beau faire de ce maître ; il repréſente l'extérieur d'un Parc ; la droite du ſujet offre une Fontaine de conſtruction pittoreſque, ornée de ſtatues antiques, près de laquelle ſont quelques figures d'hommes & de femmes ; ſur la gauche au ſecond plan, on apperçoit l'entrée des jardins & un eſcalier qui y deſcend, en avant ſont diverſes figures ſur une eſplanade, au milieu de laquelle eſt pratiqué un baſſin avec jet d'eau ſaillante.

Ce morceau d'une ordonnance noble & ſagement entendue, réunit à la perfection de l'enfemble, un ton de clarté & de fraîcheur, qui le rend extraordinairement piquant, les figures en font peintes par *Vandenvelde.* *Hauteur* 27 pouces, *largeur* 35 pouces. T.

KAREL DUJARDIN.

102 La vue d'un Payfage de fite montagneux, fur le devant duquel eft un étang, ou paffent trois figures & divers animaux, dont le fujet femble caractérifer la Fuite en Egypte, la figure de la Ste. Vierge fagement ajuftée, femble indiquer quelque chofe à Jéfus, qui careffe un des moutons dont il eft environné; St. Jofeph à la gauche de la Vierge, conduit un âne qui eft chargé de deux paniers, remplis d'outils de fa profeffion; un ciel brillant de couleur & de touche, contribue à former l'enfemble le plus magnifique & le plus frappant.

Des morceaux auffi capitaux font très-rares à rencontrer. *Hauteur* 22 pouces 6 lignes, *largeur* 18 pouces. T.

PAR LE MÊME.

103 La vue d'un Payfage de fite italien, dont la gauche offre une partie de montagne, au fommet de laquelle font placées quelques fabriques entourrées d'arbres; le premier plan

eſt occupé par un chemin tournant, ſur lequel ſe voit un chaſſeur monté ſur un cheval blanc, & près de lui ſon valet rajuſtant quelque choſe à ſa ſelle, en avant ſont quelques chiens, & un mulet chargé; le ciel brillant & vaporeux, indique une belle ſoirée.

Nous regardons ce morceau comme un des excellens ouvrages de ce maître; la touche en eſt moëlleuſe & juſte, les effets de lumiere, & les ombres portées, y ſont rendus avec la juſteſſe & la vérité ſcrupuleuſe de la nature. *Hauteur* 18 pouces, *largeur* 16 pouces. T.

PAR LE MÊME.

104 Un Tableau très-agréable de ce maître; repréſentant un Payſage découvert, dans le milieu duquel ſont deux femmes debout, parlant à un berger que l'on voit ſur le même plan, appuyé ſur ſon bâton & tenant un chien en leſſe; on apperçoit dans l'éloignement un troupeau nombreux près d'une haie, formant oppoſition à des lointains clairs & montagneux; le ciel en eſt brillant, & produit une harmonie parfaitement convenable au ſujet.

Ce petit morceau très-piquant, ne peut manquer d'intéreſſer les amateurs. *Hauteur* 10 pouces & demi, *largeur* 13 pouces. B.

PAR LE MÊME.

105 Deux charmans Tableaux, études d'ani-
nimaux & figures, touchés avec facilité, &
du bel empattement de couleur de ce grand
artifte. *Hauteur* 5 pouces 6 lignes, *largeur*
6 pouces 6 lignes. C.

ADRIEN VANDENVELDE.

106 Un *Payfage* d'un fite montagneux, dont
le premier plan eft couvert d'animaux; le
milieu de cette compofition auffi vraie que la
nature, préfente une belle vache rouffe,
qu'une payfanne eft occupée à traire; à la
droite eft une chaumiere fervant d'étable,
qu'un payfan ouvre pour laiffer fortir un
troupeau de moutons, dont douze font dejà
difperfés ; en fecond plan on voit encore
une vache brune couchée près d'un arbre :
un ciel brillant & pur, contribue favamment
à faire valoir l'effet des demi teintes dans
lefquelles ce peintre a excellé.

Ce Tableau qui a fait l'ornement d'un des premiers cabinets de la capitale, fera encore reconnu des
connoiffeurs, pour un de fes ouvrages irréprochables,
il eft auffi d'une parfaite confervation. *Hauteur* 11
pouces, *largeur* 14 pouces 9 lignes. T.

PAR LE MÊME.

107 La vue d'une Prairie de Hollande, où
font plufieurs vaches, dont on en diftingue
particulierement une de couleur rouffe, &
couchée fur la peloufe, deux autres placées
au-deffus, fe détachent en blanc mêlé de
gris, fur un ciel nuageux qui annonce un
temps de pluie ; du même côté eft un arbre
étranger dans une caiffe, & entourré de divers
plantes ; le côté oppofé offre des lointains,
des prairies & d'arbres.

Ce morceau d'une étude & d'un fini admirable, préfente la nature dans fa plus grande vérité. *Hauteur* 21
pouces, largeur 25 *pouces.* T.

PAR LE MÊME.

108 Une vue de Payfage, dont la partie droite
offre un terrain élevé, garni de deux arbres,
& au bas defquels un homme fur un cheval
blanc, eft arrêté & parle à une payfanne ;
à la gauche font deux vaches dans une marre,
quelques figures & animaux, diftribués fur
différens plans, ajoutent à l'intérêt & à l'agrément de ce tableau, dont le fond eft terminé par des montagnes, qui fe détachent
fur un ciel frais. *Hauteur* 19 *pouces, largeur* 16 *pouces.* T.

PAR LE MÊME.

109 Un Payſage Hollandois, ſur le devant
duquel ſont pluſieurs moutons, les uns cou-
chés, les autres debout ; ſur la gauche ſont
deux figures, dont une femme cauſant avec
le berger du troupeau.

Ce morceau d'une vérité étonnante dans les
détails, eſt de la plus belle exécution de cet artiſte.
Hauteur 17 pouces, *largeur* 23 pouces & demi. T.

PAR LE MÊME.

110 La vue d'un autre Payſage, offrant ſur
le devant une partie de terreins ſablonneux,
& une marre d'eau près de laquelle ſont
deux chevaux, des vaches & quelques
moutons ; le fond préſente ſur la droite
une chaumiere entre des arbres, & ſur la
gauche une échappée de lointain.

Ce Tableau eſt auſſi rendu avec beaucoup de vérité
& offre un morceau précieux, & eſtimable de ce
maître. *Hauteur* 10 pouces, *largeur* 13 pouces 9
lignes. T.

PAR LE MÊME.

111 Un autre payſage, dont la gauche eſt
fermée par un taillis épais, ſur le terrein
du premier plan ſont divers animaux, dont

deux vaches l'une de couleur rouſſâtre &
marquée de taches blanches, qui ſemble
deſcendre dans une marre, on apperçoit der-
riére elle au pied d'un arbre, une bergere
aſſiſe & un enfant. *Hauteur* 11 pouces,
largeur 14 pouces 9 lignes. B.

PAR LE MEME.

112 Un autre Tableau très-fin de touche,
repréſentant un Payſage avec animaux, à la
droite de la compoſition, eſt une payſanne
aſſiſe. *Hauteur* 9 pouces, *largeur* 12 pouces. B.

WILLIEM VANDEN VELDEN.

113 Une Vue de la Mer dans un temps
calme, & priſe de deſſus un rivage, le côté
droit du tableau offre un ſable plat, près
duquel ſont deux barques, l'une au premier
plan avec un mât élevé, & ſa voile baiſſée,
& près de laquelle ſont deux hommes
ayant les jambes dans l'eau, l'autre plus
éloignée, & ſur laquelle ſont quelques figures
de matelots; le milieu préſente une perſpective étendue de mer, ornée de pluſieurs
grand-bâtimens à voile; ſur la gauche eſt
un banc de terrein élevé qui s'avance en
pointe dans la mer.

Un ciel brillant & nuageux, termine cette composition intéressante, qui nous paroît ne laisser rien à
désirer pour être placée au rang des excellentes productions de ce maître. *Hauteur* 15 *pouces*, *largeur*
24 *pouces & demi*. T.

PAR LE MÊME.

114 Un Naufrage sur des côtes; la droite &
le devant du tableau sont des rochers,
près desquels on voit la mer agitée, &
un vaisseau qui semble venir y échouer;
sur la gauche dans l'eloignement est un autre
bâtiment battu par les flots: le ciel couvert
de nuages indique une tempête.

Ce sujet savamment traité est de la belle exécution de ce maître. *Hauteur* 27 *pouces*, *largeur* 39
pouces. B.

PAR LE MÊME.

115 Un grand Tableau très-fin & capital de
de ce maître; il représente une Marine vue
par un temps calme, & sous un ciel chaud
& nuageux, sur la droite au premier plan
qui paroît indiquer le rivage, est une grande
barque marchande, dont les eaux refléchissent
parfaitement le contour; une autre barque
voisine, quelques Batteaux & autres bâtimens dispersés çà & là terminent cette composition

pofition intéreffante , que les amateurs re-
garderont fans doute comme un morceau
très-précieux dans ce genre. *Hauteur* 22
pouces , *largeur* 28 pouces. T.

P A R L E M Ê M E.

116 Une autre Marine auffi vue par un temps
& fous un ciel clair & brillant ; le milieu
du fujet offre deux barques marchandes dans
lefquelles font plufieurs matelots en occupation : fur la droite & dans le fond ,
on remarque un petit bâtiment voguant à
voiles déployées.

Ce Tableau nous à paru très - pur & parfaitement confervé. *Hauteur* 18 pouces , *largeur* 24 pouces. T.

P A R L E M Ê M E.

117 Une autre Marine de la plus belle couleur
& du meilleur temps de ce maître ; on y
voit fur la gauche quelques barques & batteaux de pêcheurs arrêtés auprès d'une
digue, & dans le fond du fujet un grand
bâtiment fuivi de quelques chaloupes; un
ciel brillant & de la plus belle couleur,
termine ce morceau intéreffant. *Hauteur*
15 pouces , *largeur* 14 pouces. T.

E

PAR LE MÊME.

118 Une vue de Mer par un temps calme, elle eſt ornée d'une frégate à voile, une barque de pêcheurs & quelques chaloupes.

Ce Tableau d'une touche exacte dans tous les détails, offre la belle maniere de cet artiſte pendant ſon ſéjour en Angleterre. *Hauteur* 12 pouces, *largeur* 16 pouces 3 lignes. T.

W. VANDEVELDE & AD. VANDEVELDÉ.

119 Une Marine : on voit ſur le devant une monticule ſur laquelle ſont diverſes figures peintes par *A. Vandevelde*.

Ce Tableau eſt d'un précieux fini, & d'une touche également ſpirituelle parmis les ouvrages de ces deux artiſtes. *Hauteur* 8 pouces, *largeur* 12 pouces. B.

PAR LES MÊMES.

120 Une Vue de la Mer, priſe du côté des Sables de Scheveling, le premier plan eſt orné de pluſieurs figures, & d'un chariot de poſte attelé de deux chevaux.

Ce morceau touché avec une grande fineſſe, fait illuſion à la vérité de la nature ; la fraicheur du ciel annonce l'effet d'une belle matinée. *Hauteur* 8 pouces, *largeur* 9 pouces 6 lignes. B.

L. BAKUISEN.

121 Une Vue de la Mer en agitation, prife fous le Port de Rotterdam ; on y voit au milieu du fujet, une grande barque à voiles, indiquant fon arrivée dans le port par un coup de canon ; fur le devant & fur différens plans, font plufieurs batteaux marchands & barques de pêcheurs ; le fond fe termine dans toute fon étendue par la perfpective de la Ville. Un ciel brillant & d'un bel empatement de couleur, produit fon réflet fur toutes les parties de la compofition avec une intelligence admirable.

Ce morceau d'une grande précifion de touche eft bien confervé, & d'une exactitude d'imitation dans les eaux, & dans les autres détails qui fait illufion aux vérités de la nature. *Hauteur* 19 pouces & demi, *largeur* 14 pouces 6 lignes. T.

S. DE WLIGER.

112 Un petit Tableau repréfentant une Vue de la Mer, fur laquelle font quelques bâtimens dans l'éloignement, & fur le devant une barque remplie de matelots & pêcheurs. *Hauteur* 13 pouces, *largeur* 17 pouces. B.

A. STORK.

123 Une Vue étendue de la Mer par un temps

calme & à peu de distance d'un rivage ; on
y voit au milieu du sujet deux grandes
barques rapprochées l'une de l'autre, & sur
lesquelles sont plusieurs matelots dans l'inaction ;
à gauche sur le devant est un petit batteau,
dont les rameurs semblent se diriger vers
ces deux bâtiments, & dans les fonds on
remarque plusieurs vaisseaux & barques en
pleine mer ; un ciel chaud & bien nuagé
termine agréablement cette composition ; -

Ce morceau précieux de ce maître, dont on possède
peu de tableaux en France, est d'un effet juste ; & tient
à la belle manière de *L. Bakuysen*, les détails en sont
fins, & la couleur transparente. *Hauteur* 9 pouces
6 lignes, *largeur* 15 pouces 3 lignes. T.

R. ZEEMAN.

124 Une Marine dont le point de vue semble
pris dans quelques golphes de la Méditerranée ;
on y voit plusieurs grands vaisseaux près de
la côte, & plus loin une galere en pleine
mer ; le premier plan offre un rivage sur
lequel sont des marchands & matelots Turcs ;
le ciel est agité & d'un bon effet. *Hauteur*
10 pouces 3 lignes, *largeur* 12 pouces
3 lignes. T.

J. VANGOYEN.

125 Une vue de l'Escaut prise dans les environs

de la ville d'Anvers , & bordée de côté & d'autre de diverses habitations de paysans ; le milieu est occupé par une barque à voile & un batteau remplis de passagers.

Ce tableau est d'une grande légereté de touche & de couleur. *Hauteur* 14 pouces , *largeur* 23 pouces. B.

J. RUISDAAL.

126 La vue du Château du Prince d'Orange auprès de La Haye ; la partie droite de cette composition présente un magnifique bassin entourré de bâtimens & de jardins , & bordé en dehors d'un petit mur de briques , à gauche est un chemin bordant une avenue , sous laquelle on voit arriver un carrosse attelé de six cheveaux blancs , & précédé de deux coureurs ; & sur le devant du tableau , sont quelques autres figures distribuées d'une maniere analogue à la composition , dont le sujet paroît indiquer un site rendu avec toute l'exactitude possible.

Ce morceau capital de ce maître, est de sa touche la plus spirituelle , & d'un effet de perspective admirable. *Hauteur* 20 pouces, *largeur* 24 pouces. T.

PAR LE MÊME.

127 Un autre Paysage offrant un site sauvage & d'un effet pittoresque , on y voit sur le

devant un lac entre des montagnes, & formant une chûte d'eau fur le premier plan ; plus loin fur la droite, eft une longue cabanne de planches, le tout en oppofition avec quelques arbres qui fe détachent fur un ciel clair & d'un bel effet : il eft orné de plufieurs figures de bergers placées fur différens plans.

Ce Tableau de la plus grande vérité de ton & du meilleur temps de ce maître, eft une de ces belles études dont le mérite ne le céde en rien aux tableaux les plus brillants que nous poffédons de lui. *Hauteur* 23 pouces & demi, *largeur* 19 pouces & demi. T.

P A R   L E   M Ê M E.

128 Un Payfage pittorefque offrant dans le milieu un terrein elevé, fur lequel eft conftruite une chaumiere appuyée contre des arbres ; à gauche eft un chemin tortueux, où paffe un chariot de pofte, après lequel courent des enfans, des lointains agréables terminent le point de vue de ce côté, & fe détachent fur un ciel couvert qui caracterife parfaitement un temps de pluie, un faule eft placé à la droite dans un endroit marecageux, fervant d'oppofition en maffe brune, pour foutenir l'effet des autres détails.

Ce petit Tableau d'un empatement de couleur admirable, offrira aux amateurs de ce grand Paysagiste, un de ses ouvrages qui lui a le mieux réussi. *Hauteur* 11 pouces 6 lignes, *largeur* 15 pouces. B.

PAR LE MÊME.

129 Une Vue de la Meuse terminée par des lointains de paysages ; on y voit une grande barque de pêcheurs à voiles & plusieurs petits bâtimens, & chaloupes remplies de monde. Un grand ciel bien nuagé & d'un bon effet, porte ses réflets sur toutes les parties de la composition, & donne à l'ensemble un ton de vérité naturel. *Hauteur* 15 pouces, *largeur* 13 pouces. B.

PAR LE MÊME.

130 Un Petit Paysage, où sont au bas d'un terrein sablonneux, plusieurs bucherons passant dans l'eau ; les figures sont peintes par *M. Lagrenée* jeune. *Hauteur* 12 pouces, *largeur* 10 pouces. T.

PAUL POTTER.

131 La Vue d'une Prairie de Hollande, offrant différens plans savamment entendus ; le premier est orné d'animaux, dont le principal est un taureau de couleur rousâtre, la tête tournée de face & mêlée de taches

blanches, il semble marcher vers un vieux
arbre, au bas duquel font deux moutons
qui se baisent, le tout se détache sur un ciel
nuageux, largement touché & de l'effet le
plus vrai.

Le talent sublime de cet Artiste dans son genre,
pourroit nous dispenser du moindre éloge, mais nous
ne pouvons éviter de faire remarquer ce tableau
homme une de ses productions la plus heureuse & la
plus étudiée, & en même temps d'une touche savante;
d'animal qui fait l'objet principal de la composition,
est rendu avec tant d'énergie, de caractere & de détails
qu'il semble être vivant, & faire prêter l'oreille à ses
mugissemens : ceux qui ont vu le fameux tableau du
Prince d'Orange, retrouvent dans celui-ci toutes les
beautés qui caracterisent ce chef-d'œuvre, & peut-être
plus heureusement encore, à cause de la proportion
du tableau qui étoit plus familiere à l'artiste. *Hauteur*
24 pouces 6 lignes, *largeur* 24 pouces. B.

P A R   L E   M Ê M E.

132 Un autre Tableau dont la partie droite
    offre un Paysage au bord de la Meuse ;
    on y voit sur le terrein du premier plan
    un bœuf blanc taché de gris, qui se détache
    sur un fond d'arbres, & plus loin une vache
    rousse qui se désaltere sur le rivage.

Ce morceau très-étudié & d'un effet juste, présente
encore une des productions rares de ce grand peintre,

le ciel en est clair & donne à l'ensemble du sujet, un ton argentin qui le rapproche de la vérité de la nature. *Hauteur* 17 pouces, *largeur* 23 pouces. B.

ALBERT CUYP.

133 la Vue d'une Prairie très-étendue, entre-coupée de broussailles & d'une marre, dont la droite plus élevée offre un arbre tortueux, auprès duquel un Berger s'est endormi en gardant ses vaches; qui sont au nombre de cinq dans diverses attitudes; sur la gauche dans l'éloignement, on découvre la ville de Dort, un ciel clair bien nuagé, & le plus brillant de touche qui soit sorti du pinceau de cet artiste, indique l'heure du matin, & forme un contraste admirable avec le ton chaud & vigoureux des terreins.

Ce tableau est un des morceaux que ce peintre semble s'être plu à terminer, & rendre avec autant de soin que de vérité. *Hauteur* 16 pouces 3 lignes; *largeur* 26 pouces 6 lignes. B.

PAR LE MÊME.

134 La Vue d'une Abbaye, située auprès d'une haute montagne placée à-la droite du Tableau; sur le devant on voit un Homme à cheval parlant à un berger, dont le troupeau est arrêté près delà; sur le bord d'un

étang ; le ciel en eſt clair, & d'un effet de lumiere bien entendu. *Hauteur* 20 *pouces*, *largeur* 27 *pouces*. B.

B. BREEMBERG.

135 La Vue d'une grande Fabrique ruinée, & d'un Payſage pris dans les ſites d'Italie ; cette compoſition préſente ſur la droite un amas de ruines entaſſées les unes ſur les autres, artiſtement compoſées, & d'un ton de couleur très-vigoureux; ſur le terrein des premier & ſecond plans, l'artiſte à placé diverſes figures ingénieuſement diſtribuées, & un nombreux troupeau d'animaux conduit par des pâtres italiens.

Nous regardons ce tableau comme une des bonnes productions de ce peintre, dans le temps qu'il étudioit la maniere des Maîtres Italiens. *Hauteur* 16 *pouces*, *largeur* 14 *pouces*. T.

PAR LE MÊME.

136 Un Payſage de ſite Italien, orné de quel-ques ruines; à la gauche eſt placé un pont, ſous lequel paſſe une riviere qui traverſe toute la compoſition ; le premier plan offre un terrein où deux bergers ſont arrêtés, & cauſent en gardant leurs troupeaux.

Ce petit tableau eſt touché avec goût, & d'un ton

de couleur très-brillant. *Hauteur 9 pouces, largeur 12 pouces.* C.

CORN. POELEMBOURG.

137 Plusieurs Nymphes rassemblées dans un Paysage agréable, formant un grouppe intéressant ; à la gauche du sujet, on remarque dans le milieu une jeune femme agréablement ajustée, portant sur ses cheveux une couronne de fleurs, & dansant devant un faune qui tient une flûte ; la partie droite du tableau présente un beau grouppe d'arbres, & des coteaux ornés de quelques fabriques; le terrein du devant bien entendu par la variété des tons, est orné de diverses plantes très-terminées.

Ce tableau gracieux par sa composition, & très-fin dans l'exécution des figures, est aussi très-piquant par l'agrément & la touche du paysage, dont la maniere paroît indiquer un maître qui nous est inconnu. *Hauteur 14 pouces, largeur 26 pouces.* B.

PAR LE MÊME.

138 Une suite de six petits tableaux, représentans des apôtres vus à mi-corps, & rendus avec beaucoup de finesse pour la touche & l'émail de la couleur. *Hauteur 5 pouces, largeur 4 pouces.* B.

G E R A R D H O E T.

139 Mercure Amoureux d'Herſé, [il vole devant elle dans les airs pour la conduire au
temple; elle eſt accompagnée de pluſieurs
nymphes qui ſont parées de fleurs.

Ce bon Tableau eſt d'une compoſition gracieuſe,
& d'une belle couleur. *Hauteur* 24 pouces, *largeur*
29 pouces. T.

A R T. V A N D E R N E E R.

140 La Vue d'un Payſage Flamand d'une
grande étendue, & traverſé en entier par
pluſieurs canaux; la gauche du ſujet eſt
occupée par différentes habitations bordant
le rivage, & devant l'une deſquelles ſont
quelques petites figures; à droite auprès d'un
autre rivage eſt un batteau dans lequel
ſont deux figures de pêcheurs; la lumiere
répandue dans ce morceau indique l'heure
du lever de la lune.

Ce Tableau très-capital de ce maître, eſt d'une effet
juſte & infiniment heureux. *Hauteur* 17 pouces, *largeur*
26 pouces. B.

P A R L E M Ê M E.

141 La Vue d'un fort Village de Flandres
incendié pendant la nuit; ce morceau d'un

effet extraordinaire , eſt rendu avec une facilité & une juſteſſe étonnantes ; il eſt orné de quantité de figures qui paroiſſent allarmées de ce ſpectacle. *Hauteur* 17 pouces , *largeur* 21 pouces & demie. T.

A. PINAKER.

142 l'Annonce aux Bergers. Ce Tableau vu à l'effet de la nuit, préſente ſur le devant un grouppe de figures entourrées d'animaux & de bagages , & attentives à la voix de l'ange qui leur apparoît ſur des nuages ;

Il eſt d'une compoſition piquante & bien entendue pour ce ſujet. *Hauteur* 19 pouces & demi, *largeur* 25 pouces. T.

PAR LE MÊME.

143 Un joli Tableau ſujet de Payſage , repré. ſentant un coteau richement garni de bois, & au bas duquel eſt une maiſon de ferme entourrée d'arbres , ſur le premier plan eſt un terrein ſablonneux orné de deux figures de Payſans dont un eſt debout , & plus loin quelques autres figures & animaux traverſans un endroit marecageux , il ſe termine par de beaux lointains de campagnes, & un ciel chaud qui indique le ſoleil couchant.

Ce petit morceau fin de touche & de couleur, eſt auſſi d'une compoſition très-piquante. *Hauteur 9 pouces, largeur 11 pouces.* B.

PAR LE MÊME.

144 Un joli Payſage de ce maître; on y voit ſur la gauche auprès d'un arbre & de quelques brouſſailles, une femme endormie avec quelques animaux, & tenant par la bride un vieux cheval blanc; dans le fonds eſt une autre figure qui paroît cheminer.

Ce morceau eſt d'un bon ton de couleur, & on y voit un effet de ſoleil chaud & vigoureux. *Hauteur 18 pouces, largeur 14 pouces.* B.

PAR LE MÊME.

145 Un payſage champêtre, vu à l'effet du clair de lune; on y voit au premier plan deux figures de Pâtres, derriere leſquels ſont des moutons & une vache.

Ce morceau touché avec goût, eſt d'un effet de clair obſcur parfaitement entendu. *Hauteur 16 pouces, largeur 14 pouces.* B.

J. ASSELYN.

146 Une vûe de riviere auprès d'un château ruiné, & dont le fonds ſe termine ſur la gauche par des lointains de montagnes; ſur le

devant au premier plan eſt un troupeau d'a-
nimaux conduits par un Pâtre, & traverſant
d'un bord à l'autre.

Ce petit Tableau eſt d'une bonne couleur, & d'une
touche ſpirituelle. *Hauteur* 9 pouces 9 lignes, *largeur* 12 pouces. B.

CORN. DUSART.

147 Un Tableau très-capital de ce Maître, &
de la plus riche compoſition; il repréſente l'intérieur de la cour d'une tabagie Flamande dans
laquelle ſont raſſemblées plus de vingt figu-
gures offrans différens grouppes très-variés ;
on y voit ſur la droite pluſieurs Buveurs, dont
l'un vient de verſer un verre de vin à une
femme aſſiſe près d'eux, ſur un banc; & dans
le fonds à gauche divers autres perſonnages
s'amuſant à jouer aux quilles.

On ne peut rien de plus gai & de plus agréable que
ce ſujet; les détails en ſont de la plus exacte vérité;
& rendus avec autant de goût que d'eſprit. *Hauteur*
11 pouces, *largeur* 18 pouces. T.

ANDRÉ BOTH.

148 Une compoſition de neuf figures de caracteres, repréſentant une querelle de payſans.
Hauteur 17 pouces, *largeur* 14 pouces. T.

JEAN LE DUC.

149 L'intérieur d'une chambre dans laquelle font quatre Officiers Efpagnols, dont deux jouants au trictrac fur une table couverte d'un riche tapis ; un autre buvant un verre de vin blanc, & le quatrieme vu dans le fonds fur la droite jouant de la mandoline.

Ce joli Tableau eſt brillant dans les détails, & d'une précieuſe conſervation. *Hauteur* 12 *pouces, largeur* 15 *pouces.* **T.**

VERBOOM.

150 Un grand payſage, dont la droite préſente, l'entrée d'un bois ouvert par un chemin frayé ; on y voit fur le devant deux figures de chaſ-ſeurs, dont un à pied & l'autre à cheval, & dans le fonds quelqu'autres figures & un char-riot.

Les figures font peintes par *Linghelbak. Hauteur* 31 *pouces, largeur* 42 *pouces.* **T.**

PAR LE MÊME.

151 Un beau payſage de fite montagneux, orné fur la gauche de diverſes figures, & des mulets chargés. *Hauteur* 17 *pouces, lar-eur* 23 *pouces.* **T.**

VANDER

VANDER DOES.

152 Un bon Tableau de ce Maître, sujet de paysage avec lointains de marine ; on y voit sur le devant au bas d'une muraille surmontée de quelques ruines & autres fabriques, une Bergere gardant des troupeaux, & au premier plan vers la droite une très-belle figure d'homme assis, & vu par le dos ; un ciel nuageux & d'un bel effet, termine cette composition.

Ce morceau nous paroît d'un grand mérite parmi les ouvrages ordinaires de ce Peintre. *Hauteur* 14 pouces & demi, *largeur* 17 pouces & demi.

P. SLINGELAND.

153 Un sujet de deux figures représentant une Dame assise dans son appartement, & devant une Table, donnant quelques pieces d'argent à sa servante pour les emplettes du marché ; le surplus de la composition est occupé par divers accessoires, rendus avec la plus grande vérité ; on y voit entr'autres, dans le fond, un lit à colonnes, & sur le devant, un riche tapis dont les détails sont dignes du pinceau de *G. Dow.*

F

Ce Tableau précieusement terminé, & de l'effet le plus juste, doit être mis au rang des meilleures productions de l'École Hollandoise. Il est de forme ceintrée par le haut. *Hauteur* 12 pouces & demi, *largeur* 10 pouces. B.

P. MOLYN.

154 La vue d'un Village de Flandre, situé au bord d'un grand canal.

Ce Tableau d'un site intéressant, est orné de plusieurs figures de pêcheurs occupés à jetter leurs filets, la touche en est spirituelle, & les détails en sont vrais & piquans. *Hauteur* 15 pouces 6 lignes, *largeur* 21 pouces. B.

HAKERT.

155 La vue d'une Forêt, traversée d'un chemin, sur le devant. On y voit au premier plan plusieurs belles figures, peintes par *Linghelback*, dont un homme & une femme à cheval, qui semblent partir pour la chasse au vol.

Cet habile paysagiste a rendu avec autant d'intelligence que de vérité les effets du soleil dans les arbres, & semble s'être appliqué dans ce morceau, à détacher soigneusement le feuillis sur un ciel clair, formant une opposition agréable. *Hauteur* 34 pouces 6 lignes, *largeur* 17 pouces 6 lignes. T.

K E R I N X.

156 Deux bons Tableaux, fujets de payfages, dé fites différens entr'eux, & vus l'un à l'effet du matin, l'autre par un foleil couchant ; le premier repréfente une campagne Flamande, dont la gauche indique un village ; l'autre offre un des beaux fites du voifinage de Rome, fur la droite duquel eft placé une ruine du Colifée ; ils font tous deux ornés de figures peintes par d'autres Artiftes. *Hauteur* 22 pouces, *largeur* 30 pouces. B.

V A N B E R G.

157 Un grand Tableau, fujet d'un payfage de la Flandre. On y voit fur le devant une métairie, indiquée par une longue étable couverte en chaume, & près de laquelle font plufieurs figures & différens animaux de ferme.

Ce Tableau graffement peint, & d'une belle couleur, eft un des bons ouvrages de ce maître. *Hauteur* 17 pouces & demi, *largeur* 33 pouces. T.

P. S N A Y E R S.

158 Un fujet de bataille offrant une mêlée générale à l'arme blanche & au piftolet ; l'ac-

tion eſt repréſentée dans une plaine , & rendue avec tout le feu convenable à ce genre.

Ce morceau tranſparent de couleur , & touché avec
facilité , tient beaucoup à la belle maniere de vander
Meulen. *Hauteur* 20 pouces , *largeur* 29 pouces **T.**

V A N D E A L E N.

259 Un périſtile de Palais d'architecture ouvert
ſur un jardin où l'on découvre un riche pa-
villon avancé , porté ſur une colonade d'ordre
Toſcan ; les premiers plans de ce Tableau ſont
ornés de quelques figures de perſonnages de
diſtinction ; il eſt d'une grande préciſion de
touche , & de bon choix parmi les ouvrages
de ce maître. *Hauteur* 25 pouces , *largeur*
21 pouces. **B.**

J E A N B O T H , *dit* Both d'Italie.

260 Un magnifique payſage dont le milieu offre
un chemin frayé décrivant différens plans ſur
le rivage d'un canal ; à droite , au premier
plan , auprès d'une chaumiere ſont deux
hommes , dont un monté ſur un mulet , &
un autre faiſant boire un âne ; le Ciel eſt
chaud & d'un effet agréable. *Hauteur* 16
pouces , *largeur* 14 pouces. **B.**

PAR LE MÊME.

161 Un payfage montagneux, dont le côté gauche offre une partie de roches efcarpées , au fommet de laquelle font les ruines d'un château fort ; au bas eft un chemin tournant où paffe un homme conduifant un mulet chargé. *Hauteur* 17 pouces, *largeur* 22 pouces T.

MICHAUX.

162·La vue d'une ville de Flandre du côté du port ; on y voit à gauche une place publique fervant de marché au poiffon; il eft enrichi d'une grande quantité de figures analogues à la compofition.

Ce Tableau eft de la touche ferme de cet Artifte , & offre une de fes grandes compofitions. *Hauteur 19* pouces , *largeur* 30 pouces. B.

ZAGT LEVEN.

163 L'intérieur d'une grange pittorefque dans laquelle font raffemblés nombre d'uftenfiles de ménage , quelques légumes & des fruits. La lumiere principale qui frappe dans le milieu de la compofition fur quelques objets. laiffe voir tout le refte dans une demi teinte de clair obfcur bien étendue.

Ce Tableau de genre, eſt touché avec tout l'eſprit & le piquant dont ce bon Peintre étoit ſuſceptible. Nous connoiſſons peu de ſes ouvrages en France, vu le grand cas que l'on en fait en Hollande. *Hauteur* 15 pouces, *largeur* 18 pouces. B.

V A N D E R M E U L E N.

164 Une marche d'armée ſur le devant de laquelle on remarque Louis XIV, donnant des ordres à ſes principaux Officiers ; on apperçoit un gros de bataille ſur les plans qui ſuivent, & les deux côtés de la compoſition ſont ornés de maſſes d'arbres.

Ce Tableau magnifique & de la plus grande fineſſe ; offre une grande pureté de deſſin, & une ſuperbe couleur ; on le regardera ſans doute comme une des belles productions de ce Maître. *Hauteur* 24 pouces, *largeur* 30 pouces. Catalogue de M. Bergeret nº. 27 T.

P A R L E M Ê M E.

165 Un autre beau Tableau, provenant du cabinet de M. de Boiſſet nº. de ſon Catalogue, il repréſente un choc de cavalerie rendu avec tout le feu de l'action convenable à ce genre. *Hauteur* , *largeur* B.

B A U D W I N S E T E G L O N V A N D E R N E E R.

165 *Bis.* Deux petits Tableaux faiſans pendans, &

repréſentans des payſages agreables , ornés de
quelques fabriques ; dans l'un on voit Vénus
& quelqus Amours ; dans l'autre une jeune
femme ſortant du bain.

Ils ſont très-précieux , & parfaitement conſervés. *Hauteur* 7 pouces, *largeur* 9 pouces 3 lignes.

B R E K E L K A M P.

166 Un intérieur de chambre dans lequel ſe voit
une jeune fille aſſiſe près d'une croiſée ouverte
& occupée à faire de la dentelle ; le fond du
Tableau offre une porte ouverte qui laiſſe ap-
percevoir un eſcalier ; divers autres acceſſoires
terminent agréablement cette compoſition dans
laquelle on remarque la plus grande vérité.
Hauteur 9 pouces, *largeur* 13 pouces. B.

V A N   D E Y L.

167 Un Tableau de forme ceintrée par le haut,
repréſentant une jeune fille , vue juſqu'aux genoux , ayant une main appuyée ſur une rampe
d'eſcalier, & tenant de l'autre une bougie dont
la lumiere éclaire tout le ſujet.

L'effet de ce Tableau eſt vrai , il eſt d'une bonne couleur, & tient beaucoup à la maniere de *G. Skalken.*
Hauteur 11 pouc. & demi, *largeur* 8 pouc. & demi. B

HEMSKERK.

168 Deux petits Tableaux pendants ; l'un repréfente un intérieur de chambre , dans lequel
font trois Payfans , dont l'un eft affis tenans
fa pipe entre fes levres , & ayant les bras croi-
fées ; l'autre offre un intérieur d'étable dans
lequel eft un homme debout , allumant fa
pipe à un réchaud de feu pofé fur un tonneau.

Ces deux petits fujets du bon tems de ce Maître , &
d'un ton de couleur clair , font de plus ornés de divers
accéffoires rendus avec vérité. *Hauteur* 8 pouces, *largeur* 7 pouces. B.

VAN ARTOIS

169 Un Payfage de fite Flamand dont le milieu eft occupé par une forte maffe d'arbres ;
fur le devant ; on y remarque quelques figures
& animaux peints par *van Berghem. Hauteur*
17 pouces , *largeur* 21 pouces. T.

HENRY ZOORG.

170 Un Homme affis fur un tonneau , & tenant
fa pipe ; il eft vu de profil & jufqu'aux genoux ,
vêtu d'une vefte grife à laquelle pendent fur
le côté une corne de Chaffeur , & une poire
à poudre.

Ce morceau fini auffi dans la maniere de G. Dow , eft

un échantillon parfait des ouvrages de ce bon Peintre. *Hauteur* 7 pouc. 6 lignes, *largeur* 5 pouc. 9 lignes. B.

MATHON.

171 Une femme âgée, vêtue dans le coftume Hollandois, & vue à mi-corps au travers d'une croifée, fur laquelle elle eft appuyée, tenant dans fa main droite une bougie dont toute la lueur fe porte fur elle.

Ce morceau précieux, & d'un grand effet, tient de 1 manière de *Girard Douw*, & nous a paru parfaitement confervé. *Hauteur* 12 pouces 6 lignes, *largeur* 8 pouc. 6 lignes. B.

VAN TOL.

172 Un Tableau repréfentant auffi une femme âgée ; elle eft affife, vue à mi-corps, & vêtue dans le coftume Hollandois ; on y remarque une grande vérité, & beaucoup de fermeté dans la touche. *Hauteur*   *largeur*   B.

CORNALIS DE HEEM.

173. Un Tableau de genre, repréfentant différens fruits, un fucrier & des huitres pofés fur une table de pierre ; il eft tranfparent de couleur & d'une vérité exacte dans les détails des

différens objets. *Hauteur* 9 pouces, *largeur* 12 pouces 6 lignes. B.

A. GRIFF.

174 Un bon Tableau de ce maître, repréſentant un lievre & quelques oiſeaux morts ; le tout grouppé avec différens attributs de chaſſe. Le fonds du ſujet, indique un payſage. *Hauteur* 17 pouces & demi, *largeur* 14 pouc. T.

G. KALF.

175 La vue d'une arcade ruinée, avec figures & divers légumes,

Ce petit Tableau eſt d'une touche préciſe & tranſparent de couleur. *Hauteur* 5 pouc., *largeur* 6 pouc. B.

Dans la maniere de J. DHEEM.

176 Un bon Tableau de genre, repréſentant une Table de cuiſine, ſur laquelle ſont différens poiſſons dans un plat ; des huîtres & des citrons dans un ſeau de fer blanc, des artichaux & autres objets analogues.

Il eſt d'un ton de couleur tranſparent, & préſente la nature avec une grande vérité. *Hauteur* 18 pouces, *largeur* 26 pouces. B.

Dans le ſtyle de J. DHEEM.

177 Un bon Tableau de genre repréſentant dif-

férens fruits fur une Table , & un panier rempli d'artichaux & de celeri. *Hauteur* 22 pouces & demi, *largeur* 32 pouces. B.

V A N L I N T.

178 Deux Tableaux faifant pendans; ils repré-fentent différens fites des campagnes voifines de Rome , avec fujet de fabriques & d'archi-tecture, & font ornés de petites figures & animaux analogues aux compofitions. *Hauteur* 9 pouces 3 lignes, largeur 18 pouces. T.

J. B. V E N I N X.

179 Un Tableau capital & parfait dans fon genre. Il repréfente la vue d'une campagne , dont la partie gauche eft occupée par une maifon fervant de cabaret , & à la porte de laquelle eft une jeune payfanne affife , tenant une volaille fur elle, ayant à fa gauche un enfant vu dans la demi-teinte ; & à droite, un garçon qui fait jouer des chiens; en fecond plan, fous une treille, font différens perfon-nages qui font une collation ; un grouppe de trois moutons & un bélier occupe le pre-mier plan; à gauche on voit encore de nom-breux troupeaux qui marchent vers une Ville.

Ce Tableau d'une beauté & d'une confervation fans reproche, étoit un des objets marquant de la collection de M. de Boiffet. *Voyez* fon Catalogue & celui de M. Poullain, n°. 5. *Hauteur* 25 *pouces, largeur* 32 *pouces.* B.

ADRIEN VAN OSTADE.

180 L'intérieur d'une Tabagie Hollandoife, dans laquelle on compte huit figures de payfans, le grouppe principal, vu dans le milieu de la compofition, offre un des perfonnages affis dans un fauteuil, tenant d'une main un pot de biere, & de l'autre un verre, dont il femble faluer un de fes amis qui eft debout, tenant fon chapeau à la main ; à la droite près d'une grande cheminée, un enfant eft appuyé fur une chaife, mangeant fa foupe, & regardant un chien barbet ; une croifée placée à la gauche dans l'enfoncement de la chambre, fert à éclairer le fujet, & trois hommes qui jouent au dez fur un trictrac,

Ce morceau du meilleur temps de ce grand Artifte, eft un de fes ouvrages terminés. L'entente du clair obfcur, & la richeffe de la couleur s'y trouvent portées au plus haut dégré de perfection. Il provient de la vente de Monfeigneur le Prince de Conti, n°. 308 de fon Catalogue. *Haut.* 13 *pouces, larg.* 11 *pouces* 6 *lignes.* B.

GERARD TERBURG.

181 Une jeune femme repréſentée aſſiſe devant une table dans ſon appartement, & occupée à lire une lettre ; elle eſt vêtue d'un manteau de lit grisâtre, bordé d'hermine, & coëffée de ſes cheveux blonds naturellement bouclées.

Ce morceau auſſi admirable que parfait, a été vu avec enthouſiaſme, lors de la vente de M. Poullain méritant tous les éloges dues aux plus belles produc-tions de ce grand Peintre. *Voyez* ce Catalogue, n°. 40. *Hauteur* 15 pouces 6 lignes, *largeur* 11 pouces 6 lignes. T.

N. BERGHEM.

182 Une vue de mer, priſe à l'effet du ſoleil couchant. Le premier plan offre un rivage, garni de pluſieurs figures de pêcheurs qui ſont occupés à retirer leurs filets ; de hautes mon-tagnes maſquent l'horiſon, & ſe détachent ſur un Ciel chaud & admirablement nuagé.

Ce Tableau d'un effet auſſi juſtement rendu que vrai, eſt de la touche la plus ſpirituelle, & du meilleur temps de ce grand Peintre. *Hauteur* 14 pouces, *largeur* 15 pouces. B.

D. TENIERS.

183 Un payſage & vue du canal de Bruxelles,

du côté de Vilwort, dont l'entrée occupe le milieu de la compofition ; on y remarque plufieurs figures de pêcheurs qui occupent le premier plan.

Ce morceau d'une touche légere & facile , préfente une des productions naturelles de cet Artifte unique dans fon genre. *Hauteur* 17 pouces , *largeur* 24 p. B.

TH. NETSCHER.

184 Le Portrait d'une dame vêtue d'une robe de foie noire , & accompagnée de fon fils , qui s'amufe à faire des bulles de favon.

Ce Tableau eft de la belle touche de cet Artifte. *Hauteur* 26 pouces , *largeur* 21. T.

ÉCOLE FRANÇOISE.
NICOLAS POUSSIN.

185 Un Tableau favant & d'une touche ferme, dont le fujet paroît indiquer un facrifice offert en Grèce , au tombeau d'Achille , par un Général Romain. Le milieu de la compofition préfente un fuperbe monument antique, près duquel font les Prêtres & les Miniftres de la cérémonie; & fur la gauche , fe voyent plufieurs figures de guerriers, défignant les armées romaines : le fond eft occupé par un payfage

d'un grand effet, fur la gauche duquel on voit la mer, & une flotte près du rivage.

Ce morceau, vigoureufement peint, & parfaitement confervé, vient de la collection de M. le Chevalier *Pagge*. *Hauteur* 36 pouces, *largeur* 50. T.

PAR LE MÊME.

186 Une compofition poëtique, de ce Maître, repréfentant un payfage, dans lequel font plufieurs Amours au pied de deux grands arbres, recevant des fruits que trois autres d'entr'eux s'occupent à cueillir : on voit çà & là, fur les terraffes & autres parties du fujet, des carquois & des flèches, draperies & autres acceffoires.

Ce morceau, d'une vérité irréprochable, eft une des productions précieufes du plus favant Peintre de notre école. *Hauteur* 36 pouces, *largeur* 17. T.

SIMON VOUET.

187 Le Sainte Vierge repréfentée à mi-corps, tenant l'Enfant-Jéfus dans fes bras. *Hauteur* 10 pouces, *largeur* 8. T.

LAURENT DE LAHIRE.

188 Le Portrait d'un Philofophe connu, vêtu & repréfenté fous le coftume des anciens Rabbins : il eft vu de face, portant une longue barbe blanche, ayant fur les épaules un manteau noir, & par deffous, une vefte avec de larges agraffes en or ; fes deux mains font

appuyées l'une fur l'autre, & dans l'une d'elles, il tient un papier, fur lequel on voit cette légende: *Nullum magnum ingenium fine mixturâ dementiæ.* Ariftote.

Ce morceau, très-recommandable, & de la plus belle couleur, eft un des chefs-d'œuvres de ce grand Peintre; il feroit fuperflu d'en détailler les beautés, dont aucune n'échappera aux yeux des vrais Amateurs. *Hauteur* 36 pouces, *largeur* 27. T.

S. BOURDON.

189 Deux petits Tableaux très-finis & très-précieux de ce Maître; ils repréfentent, l'un Betzabée conduifant le jeune Salomon au trône, l'autre une allégorie dont le fujet tient au miniftere du Cardinal Mazarin.

Ces deux morceaux très-gracieux & de la couleur la plus agréable, proviennent du Cabinet de feu S. A. Monfeigneur le Prince de Conty, & avant, de celui de M. Lempereur. *Hauteur* 16 pouces, *largeur* 11 pouces 6 lignes & demie. T.

PAR LE MÊME.

190 Une compofition de douze figures, dont le fujet repréfente S. Paul délivrant une femme poffédée du Démon.

Ce morceau très-terminé, eft auffi d'une couleur très-
fuave

ſuave, & de la plus précieuſe exécution de ce Maître. *Hauteur* 17 pouces, largeur 14. T.

LE NAIN.

191 Un précieux Tableau de cet Artiſte, ſujet de trois figures de jeunes Muſiciens; ils ſont tous trois près d'une table, ſur laquelle ſont un chandelier, un livre ouvert, & quelques autres acceſſoires : l'un d'eux, tenant une guittarre, & ajuſté d'une large draperie rouge, paroît enſeigner aux deux autres qui ſont plus jeunes.

Ce morceau eſt très-fin & très-rare de cet Artiſte. *Hauteur* 11 pouces, *largeur* 15. T.

CLAUDE GÉLÉE, *dit* LE LORRAIN.

192 Deux des plus capitales compoſitions de ce Maître.

L'une repréſente un ſuperbe payſage éclairé par un ſoleil levant, ſur la gauche duquel on voit entre des arbres élevés, les ruines d'un ancien temple; du même côté, au premier plan, eſt une troupe de Bergers raſſemblés & occupés à regarder deux jeunes Pâtres danſant au ſon d'un tambour de baſque; la partie droite, au même plan, eſt ornée d'animaux de toute eſpèce, formant un nombreux trou- peau, & parmi leſquels on remarque deux beliers luttant de leur cornes : le fond ſe ter-

G

mine par des montagnes de la plus belle perfpective, au bas defquelles font diverfes fabriques & quelques animaux.

L'autre, de l'effet le plus chaud & le plus
vigoureux, offre un foleil couchant : le milieu
du fujet préfente une étendue de pays montagneux, colorée de la plus belle vapeur, &
traverfée par une riviere ; fur un plan avancé,
eft un troupeau nombreux, que conduit un
Berger ; un peu plus bas & fur le premier plan,
font d'autres Bergers & leurs troupeaux qui
paroiffent prendre un autre chemin ; à droite,
au pied d'un gros arbre dont la cîme fe détache fur le ciel, eft un grouppe de quatre
Chaffeurs, qui femblent s'être arrêtés pour fe
repofer & converfer avec un de ces Pâtres.

Nous nous arrêterions inutilement à détailler les beautés
de ces fublimes Tableaux, qui font d'un genre à frapper
d'admiration l'œil le moins exercé, comme celui du plus
habile connoiffeur. On y trouvera aifément deux des
chefs-d'œuvres du plus habile Payfagifte de notre école.
Hauteur 37 pouces, *largeur* 48. T.

P A R   L E   M Ê M E.

193 Un autre Tableau auffi très-précieux &
capital de ce Maître : il repréfente un immenfe
payfage, dont l'effet de lumiere indique une

des plus belles foirées d'été; la partie gauche du
sujet découvre une vaste étendue de pays qui se
termine par de hautes montagnes; sur le plan
du milieu, est une riviere traversée d'un pont
vu dans l'éloignement, & près du rivage un
bateau conduit par deux hommes; sur le
premier plan, auprès de deux beaux arbres,
est un Berger conduisant des bœufs qui paroiffent retourner au village; & la partie élevée
de ce côté, offre une maffe de terreins & de
fabriques dont l'effet admirablement entendu,
se détache sur un très-beau ciel.

Il en eft de ce Tableau comme des précédens : toutes les
parties en font également belles, & d'une vérité qui fait
illufion à la nature. *Hauteur* 29 pouces, *largeur* 37. T.

F. ALLEGRIN.

194 Un Payfage avec fabriques, & compofé
dans le ftyle *du Gafpre. Hauteur* 24 pouces,
largeur 30 pouces. T.

MOMPERCHÉ.

195 Un beau Payfage & ruines d'architectures,
dans lequel F. Boucher a placé deux figures
de Bergers, touchées avec efprit, & auffi
quelques animaux. *Hauteur* 24 pouces, *largeur* 34 pouces. T.

G ji

NOEL COYPEL, 1726.

196 L'enlevement d'Europe, très - riche &
grande composition de ce maître ; ce sujet
traité avec tout le merveilleux de la fable,
offre au second plan le grouppe principal de
Jupiter métamorphosé en Taureau, empor-
tant avec triomphe, au milieu des mers, la
Nymphe qu'il vient de ravir, précédé & suivi
par la troupe des amours, & secondé par les
vents. Au premier plan, sont différens grouppes
de Nayades & Tritons, & sur la droite Neptune & Thétis dans un char, paroissant fa-
voriser la fuite du maître des Dieux.

Ce morceau très capital doit faire le plus grand honneur à notre École. *Hauteur* 4 pieds, *largeur* 6 pieds. T.

BOULLOGNE.

197 Jésus-Christ apparoissant en jardinier à la
Madeleine ; composition de deux figures dans
un paysage. *Hauteur* 13 pouces, *largeur* 11
pouces. T.

PARROCEL, pere.

198 Un bon Tableau représentant une danse
par des Sauvages Américains, dans un lieu
agréable & pittoresque ; il est peint avec vigueur, & d'une belle couleur. *Hauteur* 28
pouces, *largeur* 34 pouces. T.

GRIMOU.

199 Le buste d'un jeune homme vu de profil, la tête découverte, & vêtu d'un manteau rouge qu'il releve d'une main.

Ce Tableau bien peint, est d'une couleur plus vigoureuse que les productions ordinaires de ce maître. *Hauteur* 29 pouces, *largeur* 23 pouces, T.

ANT. WATTEAU.

200 La vue d'un Paysage champêtre, dans lequel divers personnages, hommes & femmes se sont rassemblés pour se divertir; on distingue dans ce grouppe intéressant, une jeune femme & un homme qui dansent un menuet.

On ne peut rien voir de plus spirituel & de plus agréablement rendu dans les ouvrages de cet Artiste, qui a poussé le coloris au plus haut dégré de perfection. *Hauteur* 11 pouces 6 lignes, *largeur* 16 pouces 16 lignes. B.

PAR LE MÊME.

201 Un Tableau riche de composition, dont le sujet présente le départ d'une armée; on y voit au milieu de la composition le principal corps de troupes défilant sous une arcade, & en avant, sur le premier plan, différens personnages qui se disent des adieux.

Il regne dans ce morceau une harmonie & une vigueur de couleur, qui rappelle la belle maniere de cet
Artiste. *Hauteur* 22 pouces, *largeur* 28 pouces. T.

PAR LE MÊME.

202 Un sujet champêtre dans un paysage agréable, on y compte sept figures d'hommes &
femmes, dont un jeune homme dansant
devant les autres personnages. *Hauteur* 14
pouces & demi, *largeur* 23 pouces & demi. B.

PAR LE MÊME.

203 Un grand paysage de site champêtre terminé dans les fonds par une vue de riviere;
sur le devant sont différens personnages sous
des costumes de pellerins; le ton de l'ensemble
en est chaud, & annonce une soirée d'été.
Hauteur 36 pouces, *largeur* 42 pouces. T.

J. B. PATER.

204 Une jeune Femme représentées sous un ves-
tibule, & sur un lit, paroissant sortir de se
laver les jambes dans un bassin que tient une
servante; on voit à la gauche un échappé de
paysage; un chat qui gronde après un chien, &c.

Ce morceau est de la touche spirituelle, & très-estimée
dans les ouvrages de cet Artiste. *Hauteur* 11 pouces,
largeur 13 pouces T.

J. LANCRET.

205 Un sujet de deux figures paftorales ajuftées en Pellerin, vues dans un payfage près de la ftatue de Flore. *Hauteur* 27 pouc, *largeur* 22 pouces. T,

WATTEAU DE LILLE.

206 Une tente dreffée dans un payfage, où des Cavaliers font arrêtés pour fe rafraichir; efquiffe librement touchée. *Hauteur* 24 pouc. *largeur* 30 pouces T.

CH. NATOIRE.

207 La nimphe Europe dans les bras de Jupiter après fon raviffement; ces deux figures font repréfentées fur un nuage, près duquel eft un grouppe de trois Amours, & dans le haut du fujet l'Artifte a placé la déeffe Junon defcendant de l'Olimpe, fur fon char.

Ce Tableau d'une compofition gracieufe eft auffi de la plus belle couleur. *Hauteur* 40 pouces, *largeur* 32 pouces. T.

MICHEL VANLOO.

208 Le triomphe de Galathée; cette nimphe eft repréfentée fur un char, traîné par des dauphins, & conduit par une troupe de tritons;

elle eſt accompagnée & ſuivie de pluſieurs Nayades formant des grouppes variés & interreſſans ; dans le fonds ſur des rochers élevés, on apperçoit le Berger Poliphême, conſidérant cette marche.

Ce morceau précieux & d'une belle couleur, a toujours été conſidéré comme une des bonnes productions de nôtre école moderne. *Hauteur* 37 pouces, *largeur* 6 pieds 4 pouces. T.

E I S E N, le pere.

209 Deux Tableaux, faiſant pendans ; l'un repréſente un homme qui vèut careſſer une Négreſſe ; l'autre un Bacha aſſis près d'une table, ſur laquelle ſont des ſacs remplis de pieces d'or ; il donne la main à une jolie Négréſſe. *Hauteur* 9 pouces, *largeur* 7 pouc. B.

C H A R D I N.

210 Un ſujet de deux figures, qui paroît indiquer le ſujet d'une femme qui menace ſon mari, qui vient de quitter le jeu. *Hauteur* 12 pouces, *largeur* 15 pouces. T.

J. B. H U E T.

211 Un Payſage, ſur le devant on voit une jolie bergere occupée à ſe laver les jambes

dans un étang, elle est accompagnée de son chien qui est à sa gauche. *Hauteur* 7 pouces, *largeur* 9 pouces. B.

J. OLIVIER.

212 La Vue d'une Gallerie d'Architecture, dans laquelle est représenté un bal, composition nombreuse en figures, & variées avec l'agrément convenable au sujet.

Ce morceau n'est pas généralement terminé. *Hauteur* 24 pouces *largeur* 30 pouces. T.

PAR LE MÊME.

213 Un charmant sujet représentant le repos de Venus, cette déesse est représentée étendue sur des drapperies au pied d'un grouppe d'arbres, dans lesquels l'artiste à suspendu ingénieusement un rideau de soie, que des amours soutiennent ; la gauche est occupée par deux figures de femmes, un enfant & un chien.

Ce Tableau très-agréable, est d'une touche précieuse & d'un bel émail de couleur. *Hauteur* 20 pouces, *largeur* 17 pouces, T.

J. VERNET.

214 Un Tableau très-capital & d'une belle ordonnance, dans lequel cet artiste paroît

s'être plu à offrir un second sujet des *Baigneuses* ; sous une composition neuve, & d'un genre tout différent ; on y voit sous une arcade prise dans le rocher, une perspective étendue de la mer par un temps calme, & à la plus belle heure du jour ; sur les plans éloignés, on remarque un fanal, & quelques bâtimens qui se détachent sur un ciel chaud & d'un bel effet ; sur le devant à gauche sont plusieurs belles femmes, les unes prenant le bain, les autres paroissant en sortir, & au milieu du sujet deux autres figures placées sur une partie de rocher élevée.

Ce morceau très-précieux, & daté de 1786 étonnera & charmera en même temps les amateurs de notre école, pour l'avantage de laquelle le pinceau de *M. Vernet* semble n'être de jour en jour que plus parfait dans ses productions. *Hauteur* 21 pouces, *largeur* 30 pouces. **T.**

PAR LE MÊME.

215 Une étude savante de touche & de couleur, offrant la vue de plusieurs roches au bord de la mer : on y compte cinq figures, hommes & femmes, qui tiennent de la belle maniere de *Salvator*. *Hauteur* 16 pouces, *largeur* 11. **T.**

EUSTACHE LE SUEUR.

216 Un Tableau du premier ordre, pour
la perfection, & digne de tenir un rang
dans la plus célebre collection. Le sujet qui
nous a été simplement indiqué, représente un
sacrifice; l'exposition qui en sera faite, suppléra
à un plus ample détail.

J. B. GREUZE.

217 Le Buste d'une jeune fille: elle est vue de
trois quarts, ayant les cheveux négligemment
tressés, & le regard fixe exprimant l'attention;
elle est vêtue d'une draperie violette, attachée
sur ses épaules, dans le genre antique. Il y a
dans ce morceau, un très-bel empâtement de
couleur, & une vérité de nature heureusement
faisie. *Hauteur* 20 *pouces*, *largeur* 17. B.

PAR LE MÊME.

218 Un Buste d'enfant, vu de trois quarts,
& dans le mouvement de s'élancer sur quelqu'un: il est coëffé de cheveux blonds, naturellement bouclés, & ajusté d'une collerette,
avec habillement de matelot.

Cette étude savante de touche, est aussi d'un ton de
couleur vigoureux. *Hauteur* 15 *pouces*, *largeur* 12. T.

PAR LE MÊME.

219 Un autre Tableau aussi caractérisé que le
précédent : il représente une jeune fille vue
à mi-corps, négligeament panchée sur le dos
d'une chaise; elle est coëffée d'un bonnet rond,
serré d'un ruban rose, & ajustée d'un fichu qui
laisse voir une partie de sa gorge. *Hauteur* 17
pouces, *largeur* 14. T.

PAR LE MÊME.

220 Un autre Buste de jeune fille, dont la
tête est pleine d'expression : elle est vue à mi-
corps, & vêtue à l'espagnole. Ce Tableau d'une
belle couleur, est touché avec une grande
facilité. *Hauteur* 14 pouces, *largeur* 10. T.

DE MACHY.

221 La vue intérieure d'une prison; composition
pittoresque, touchée avec une grande justesse
& beaucoup de goût. *Hauteur* 13 pouces,
largeur 9. T.

PAR LE MÊME.

222 La vue d'une place publique, où l'on voit
une marchande de livres, entourée de différens
personnages : jolie étude de forme ovale. *Hau-*
teur 9 pouces, *largeur* 7. T.

HONORÉ FRAGONARD.

223 Un intérieur d'appartement, où l'on voit une jolie femme vêtue d'habi lemens de foie, dans le costume le plus agréable : elle est représentée assise contre une table, sur laquelle est placé un portrait, qui semble l'intéresser, & tient dans sa main droite une lettre dont elle paroît occupée ; sur un tabouret, à la gauche du sujet, on voit un chien épagneul, caractérisant la fidélité.

Ce morceau très-étudié, présente l'ensemble le plus flatteur. *Hauteur* 18 pouces, *largeur* 14. T.

PAR LE MÊME.

224 Un sujet de trois figures, représentant un jeune garçon entre deux jeunes filles, & voulant embrasser l'une d'elles, qui paroît s'en défendre : ils sont tous trois autour d'une table couverte d'un tapis de mousseline, sur laquelle ils jouoient aux cartes. Cette scène agréable se trouve rendue avec finesse & intérêt ; le dessin & la couleur de ce morceau, font honneur au pinceau de cet Artiste. *Hauteur* 18 pouces, *largeur* 23. T.

PAR LE MÊME.

225 Une jeune Femme vue à mi-corps, &

careſſée par l'Amour ; ſujet agréable , touché
au premier coup & de forme ronde. *Dia-
mètre* 15 pouces. T.

C A S A N O V A.

226 Un Tableau de forme ovale , repréſentant un Camp de Troupes Françoiſes ; on y
voit à gauche dans l'éloignement les tentes
des différens corps de troupes, & près d'elles
quelques ſoldats d'infanterie & autres ; ſur le
ſecond plan à droite eſt un corps de cavalerie qui arrive, & en avant un maréchal-des-
logis, paroiſſant donner ſes ordres.

Ce tableau eſt d'une bonne couleur, & d'un effet
intéreſſant. *Hauteur* 23 pouces , *largeur* 31 pouces &
demi. T.

L E C H E V A L I E R V O L A I R E.

227 Un petit Tableau en hauteur, repréſentant une Vue de la Mer au clair de lune ;
ſur la gauche eſt un fanal, au bas duquel eſt
un pêcheur dans ſa barque , & du côté op-
poſé ſont deux figures, dont l'une porte une
torche allumée, *Hauteur* 15 pouces, *largeur*
12 pouces. T.

M. H U É

228 Une Vue de Mer par une grande tem-

pête; on voit dans l'éloignement un navire incendié par la foudre.

Ce morceau orné de diverses figures, nous offre une belle etude d'après *M. Vernet. Hauteur* 14 pouces, *largeur* 20 pouces. T.

Mademoiselle GÉRARD, Eleve de M. FRAGONNARD.

229 Deux Tableaux faisans pendans ; l'un représente une jeune Femme assise, vue presque de face, ajustée d'un manteau du matin de velours capucine, bordé d'une fourure blanche avec une jupe de satin couleur de paille, suivant le costume russe, & coëffée d'un chapeau de paille orné de plumes noires, elle tient de la droite une brochure dans laquelle elle paroît lire quelque chose d'intéressant, qu'elle fait écouter à sa fille que l'on voit debout devant elle appuiée près d'une croisée, vue de profil, & vêtue d'une longue robbe de satin blanc. Dans l'autre on voit une jeune Personne debout vue par le dos ayant la tête retournée de profil sur l'épaule & jouant du cistre, elle est vêtue d'une longue robbe de satin gris de perle, & placée près d'une table couverte d'un riche tapis sur laquelle est posé son

livre de mufique ; de l'autre côté de la table eft un jeune homme auffi vêtu fuivant l'ancien coftume militaire Hollandois , la tête placée prefque de face écoutant attentivement & avec plaifir. Les fonds de ces deux fujet préfentent des intérieurs de chambres meublées fimplement , & ornés d'acceffoires analogues à ces compofitions.

On ne peut rien offrir de plus intéreffant que ces deux morceaux , furtout pour les amateurs de notre école , à laquelle le talent de cette habile artifte ne peut manquer de faire un jour beaucoup d'honneur, ainfi qu'au célèbre maître fous lequel elle s'eft formée ; les fujets en font extrêmement agréables & parfaitement préfentés ; le deffein & la couleur en font gracieux & du plus beau faire, & les étoffes & autres acceffoires font d'une vérité de détails qui tient à la maniere des excellens peintres Hollandois. *Hauteur* 23 pouces & demi, *largeur* 19 pouces & demie. T.

P A R   L A   M Ê M E.

230 Une Etude de cette artifte, repréfentant une jeune fille vue par le dos la tête retournée fur l'épaule gauche, affife fur l'appui d'une croifée ouverte, & tenant une rofe qu'elle paroît réfufer à un jeune garçon que l'on voit auprès d'elle, dans l'intérieur de la chambre; la tête de la principale figure eft

auffi

auſſi d'une bonne couleur & d'une touche moëlleuſe. *Hauteur* 11 pouces & demi, *largeur* 8 pouces un quart. T.

M. DE-ST.-MARTIN.

231 Une très-agréable copie d'après *M. Greuſe*, repréſentant un intérieur de ménage villageois, on y voit près d'un berceau une mere en-tourrée de petits enfans. *Hauteur* 12 pouc. *largeur* 15 pouces. T.

M. DE BUCOUR.

232 Un petit Tableau offrant la Scene de Henri IV chez Michaud. *Hauteur* 7 pou-ces 7 lignes, *largeur* 6 pouces. B.

PAR LE MÊME.

233 l'Intérieur d'une Chambre dans laquelle on voit une femme aſſiſe contre une table, & occupée à donner la boullie à ſon enfant. *Hauteur* 7 pouces, *largeur* 5 pouces. B.

M. BRUANDET.

234 La Vue d'une Foret, dans le milieu de laquelle eſt un chemin où paſſent deux hommes, & une femme aſſiſe ſur un banc.

H

Ce Tableau paroît offrir un des beaux points de vue de la Forêt de Fontainebleau, on y trouvera le beau ton de couleur & la touche des habiles peintres Flamands, & une enfemble d'effet piquant & agréable. *Hauteur* 20 *pouces, largeur* 27 *pouces.* B,

DE LA LONDE.

235 Deux Tableaux de genre, repréfentans chacun différentes pieces de gibier. *Hauteur* 24 *pouces, largeur* 20 *pouces.* T.

Par un Artifte moderne.

236 Deux efquiffes fur papier, de forme ceintrée par le haut, repréfentant différentes compofitions pour un fujet de l'Affomption. *Hauteur* 8 *pouces, largeur* 15 *pouces.* T.

D'après CH. LE BRUN.

237 Une excellente copie en petit, du grand Tableau de cet Artifte, que l'on voit chez le Roi de France, & connu fous le titre de la famille de Darius aux pieds d'Alexandre. Ce Tableau paroît avoir été fait dans l'Ecole du maître, & tient beaucoup de fa couleur. *Hauteur* 28 *pouces, largeur* 42 *pouces.* T.

Attribué à RAOUX.

238 Le portrait d'une Dame, vue en pied &

de face, vêtue de blanc, & ajuftée fuivant le coftume des anciennes Veftales ; elle eft placée auprès d'un autel fur lequel paroît être le feu facré. *Hauteur* 48 pouces, largeur 42 pouces. **T.**

DESSINS ET GOUACHES.

239 La mort de Saint Thomas d'Aquin. Belle compofition à la plume, lavée à l'encre de la Chine.

Ce deffin capital, par G. *Hoët*, eft gravé dans la Bible de Saurin, édition d'Hollande 1749, dont les figures font par ce maître.

240 Un Payfage & ruines, ornées de figures & animaux, par Wagneer. *Hauteur* 5 pouces, *largeur* 7 pouces.

241 Un magnifique Deffin, fujet de bataille, & touché avec beaucoup de feu, Signé *la Rue.* Il eft fait à la plume fur papier blanc, lavé de biftre. *Hauteur* 24 pouces, *largeur* 35 pouces.

242 Un fujet de deux figures croquis, lavé à l'encre de la Chine, par M. Greuze.

H ij

BRONZES.

243 Le Bufte de Henri IV, en bronze, les
épaules & drapperies en marbre. Très-beau
morceau de grandeur naturelle, porté fur pied
douche auffi en marbre.

244 Un beau grouppe en bronze, compofé de
rrois figures, dont le fujet eft Promethé, en-
chaîné fur le Mont-Caucafe, & délivré du
Vautour, per Hercule. Ce trait de fable eft
auffi favament compofé, qu'il eft artiftement
réparé.

245 Une figure repréfentant un Chaffeur qui
corrige fon chien, & pour pendant, une femme
portant un oifeau de proye fur fon poingt.

246 Deux Enfans repréfentans Bacchus, & l'A-
mour, avec chacun leurs attributs.

247 Deux jolis grouppes, repréfentans des
bachanals d'enfans; les uns jouant avec un
finge; les autres avec une panthere.

VASES D'ALBATRE.

248 Sept couples de vafes d'albâtre très-blan-
che, & tranfparente, d'après les plus belles
formes antiques; cet article qui nous a été
adreffé de l'étranger, formera fept lots.

TERRES CUITTES
ET PLASTRES.

249 Le Maufólée de Ninette, par M. *Claudion* ; on y voit fur la face deux chiens debouts , foutenant un pied d'eftal fur lequel eft une urne, & Ninette fur un couffin. Ce morceau eft très-agréable.

250 Une autre terre cuitte, repréfentant une bacchante enyvrée , tenant d'une main une coupe , & de l'autre une grappe de raifin.

251 Le bufte de Mademoifelle Sophie Arnoult, couronnée de fleurs dans le rôle d'Iphigénie en Aulide , acte 5e. , très-beau *plaftre* mis en couleur de terre cuitte , & réparé par M. Caffieri.

MARBRES.

252 Trente-deux échantillons de *marbre & d'albâtre*, plaqués fur ardoife.

MINIATURES.

253 Un grand médaillon en miniature par M. *Hall*, repréſentant une jeune fille ayant la tête coëffée d'un fichu, & la moitié de la gorge découverte.

254 Quatre autres médaillons en miniature, par *Madame Fragonnard*, diverſes têtes d'enfans.

255 Deux petits médaillons en émail, par M. *Courtois*, ſujets de buſtes de femmes.

BIJOUX.

256 Un diamant, *Roſe*, de forme longue, oval, monté en bague.

257 Deux autres bagues, en chiffres, compoſés de petites *roſes*.

258 Une montre d'or, avec cercle & boutons de *roſes*.

259 Différens objets qui ont été obmis, & qui feront détaillés lors de la vente.

60 Plufieurs Tableaux, non décrits, & qui feront vendus fous ce n°.

FIN.

Lu & approuvé ce 6 Mars 1786.
COCHIN.

De l'Imprimerie de PRAULT, Imprimeur du Roi Quai des Auguftins.

FEUILLE INDICATIVE

DES NUMÉROS

QUI SERONT VENDUS CHAQUE JOUR,

Dans la Vente du 20 Mars 1787.

PREMIERE VACATION.

Le Mardi 20 Mars 1787.

N°s. 10, 11, 12, 15, 18, 22, 31, 36, 46, 47, 67, 68, 69, 70, 74, 95, 96, 97, 98, 99, 104, 111, 112, 117, 125, 130, 135, 146, 147, 152, 157. 162, 167, 173, 174, 177, 183, 184, 198, 199, 204, 205, 207, 220. 221, 226, 231, 236, 243, 248. Partie plusieurs articles de Vases de granit, porphires & Table précieuse, & quelques objets de division.

DEUXIEME VACATION.

Le Mercredi 21. Mars 1787.

N°s. 8, 9, 16, 20, 30, 35, 37, 45, 47, 63, 64, 65, 66, 71, 75, 91, 92, 93, 94, 100, 105, 110, 116, 124, 129, 134, 136, 145, 148, 153, 158, 163, 168, 172, 176, 185, 197, 203, 206. 208, 218, 219, 222, 227, 232, 237, 242. 247, 248. Partie 252.

Divers articles de beaux Vases de granit, por-
phire, Tables, &c.

TROISIEME VACATION.

Le Jeudi 22 Mars 1787.

Nos. 6, 7, 13, 14, 17, 19, 26, 29, 34, 38, 44,
48, 59, 60, 61. 62, 72, 76, 87, 88, 89, 90,
101, 108, 109, 115, 123, 128, 133, 137, 144,
149, 154, 159, 164, 169, 182, 186, 191, 192,
196, 202, 209, 217, 223, 228, 233, 238, 241,
246, 248. Partie 251, 253, 254, 255. Divers
articles. de beaux Vases de granit, porphires,
Tables, &c. &c.

QUATRIEME VACATION.

Le Vendredi 23 Mars 1787.

Nos. 3, 4, 5, 21, 25, 28, 33, 39, 41, 43,
49, 55, 56, 57, 58, 73, 77, 78, 83, 84, 85,
86, 102, 107, 114, 120, 122, 127, 132,
138, 143, 150, 155, 160, 165, 170, 181.
187, 190, 193, 195, 201, 210, 215, 216, 224,
230, 234, 239, 245, 248, 250, 256, 257, 258.
Quelques beaux Vases de granit, porphires, &
Tables, &c. &c.

CINQUIEME VACATION.

Le Samedi 24 Mars 1787.

Nos. 1, 2, 21, 24, 27. 32, 40, 42, 50, 51, 52,

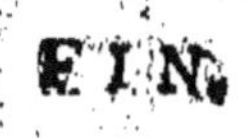

FIN.